UN *NUEVO* REGALO EXCEPCIONAL

Llega a tus manos **Un *Nuevo* Regalo Excepcional**, como el cofre en que se reúnen algunas de las más bellas joyas del pensamiento de la humanidad, que el tiempo ha convertido en una *filosofía para vivir*.

Este nuevo libro es la continuación de **Un Regalo Excepcional**, que ha sido un *best seller* por la acogida que le dio el público, porque llegó a satisfacer el deseo de encontrar en un libro el calor de la esperanza y el entusiasmo del ideal. Hoy, el autor te ofrece una nueva selección de textos que, con gran gusto y satisfacción, han sido rescatados de las bibliotecas, de los libros antiguos y modernos, nutridos aún más por la bondad de todas aquellas personas que se los han enviado.

Quienes lo posean serán dueños del tesoro más grande que cualquier hombre pueda tener: *una filosofía para vivir*. Consérvalo, cuídalo, léelo y reléelo; ponlo en práctica cuantas veces quieras pero, sobre todo, cuando sientas que te invade el desánimo o la tristeza, cuando supongas que ante ti se cierran todas las puertas, cuando experimentes el miedo de vivir. Encuentra en él la llama de la esperanza y los nuevos amaneceres de las ilusiones...

Entonces comprenderás el significado de su título: **Un *Nuevo* Regalo Excepcional.**

EDAMEX
LIBROS PARA SER MÁS *LIBRES*
www.edamex.com

UN *NUEVO* REGALO EXCEPCIONAL

Antología de pensamientos y frases célebres

Compilador

Roger Patrón Luján

Título de la obra: **UN NUEVO REGALO EXCEPCIONAL**

Derechos Reservados © en 1998, por EDAMEX, S.A. de C.V. y Roger Patrón Luján.

Prohibida la reproducción parcial o total de esta obra por cualquier medio.
Se autorizan breves citas en artículos y comentarios bibliográficos, periodísticos, radiofónicos y televisivos, dando al autor y al editor los créditos correspondientes.

Portada: departamento artístico de EDAMEX.
Foto portada e interiores: Héctor Armando Herrera.
Edición: Irene Fohri.
Formación de originales: Mauricio Patrón González.
Cuidado editorial: Bertha Ruiz de la Concha.

Cuarta edición: 21 de abril de 1998.

Ficha Bibliográfica:

Patrón Luján, Roger
Un nuevo regalo excepcional (Pasta suave)
232 pág. De 17 x 23 cm.
Índice e ilustraciones

20. Literatura   20.3 Ensayo
28. Superación Personal

ISBN-968-409-918-5

EDAMEX, Heriberto Frías 1104, Col. del Valle, México 03100.
Tels. 559-8588. Fax: 575-0555 y 575-7035.

Correo electrónico: edamex@compuserve.com

Internet: www.edamex.com

Impreso y hecho en México con papel reciclado.
Printed and made in Mexico with recycled paper.

Miembro No. 40 de la Cámara Nacional de la Industria Editorial Mexicana.

El símbolo, el lema y el logotipo de EDAMEX son Marca Registrada, propiedad de: EDAMEX, S.A. DE C.V.

Índice

PRÓLOGO	11
QUEDA DECRETADO...	12
LA LIBERTAD	
El espíritu de la libertad	17
Las cuatro libertades	18
La libertad ante todo	19
Creados iguales	20
Sólo en la libertad se ama	21
La última libertad	22
La verdadera libertad	23
Condiciones	24
Democracia	25
El camino a la libertad	26
Hombre nuevo y libre	27
EL AMOR	
El himno al amor	31
¿A quién buscas?	32
El amor nos enseña	33
Para después de la luna de miel	34
Te quiero	37
Huellas del verdadero amor	38
Para amarte a ti	39
El amor	40
El amor es un símbolo	41
El significado del amor	42
Amor perdurable	44
Amar siempre	45
El amor es la medicina	46
Con el tiempo...	47
LA FELICIDAD	
El placer de servir	51
La alegría de ser y vivir	52
La fuente de la felicidad	54
A todos	55
Este día	56

Las soledades — 57
¿Qué es servir? — 58
Beneficio — 59
Veinte buenas acciones — 60
¿Qué hombre es feliz? — 61
Intentando — 62
Dar — 63
Lo que podemos dar — 64
Una sonrisa — 65

LA AMISTAD
Amistad — 69
Un tributo a la amistad — 70
¿Qué es un amigo? — 71
Definición de un amigo — 72
Un amigo — 73
Tres tipos de amistad — 74
Un gran amigo — 75
Sentir a una persona — 76
Un amigo es quien ... — 77
El hombre con el hombre — 78
No cambies — 79

EL HOMBRE Y LA MUJER
Cambio al mundo al cambiarme a mí mismo — 83
Como ser humano — 84
Para ser persona — 85
Al espejo — 86
Son hombres — 87
Ser perfecto — 88
La orquesta — 89
Anuncio — 90
Por fin has llegado — 91
¡Hoy voy a romper costumbres! — 92
Mi filosofía — 93

PADRES E HIJOS
Respeto al niño — 97
Un viaje de descubrimiento — 98
El niño es así — 99
Una adolescente — 100
Insustituible compañera — 101

Papá olvida	102
Les presto a uno de mis hijos	104
A mi padre	105
Carta a mis hijos	106
La oración del padre	107
La familia	108
Oración de los esposos	109
A mi hijo	110
Carta a mi hijo	113
Media cobija	114

LA EDUCACIÓN Y LA VIDA

Amigo de la verdad	119
Un maestro	120
Comida gratis	121
Quiero	122
Filósofo	123
Afrontar la realidad	124
Si	125
Siete pecados capitales	126
La verdadera meta	127
Recursos internos	128
La vida es...	129
Lo que dice el árbol	130
Yo	131
¿Por qué preocuparse?	132
¿Eres apto para vivir?	133

EL TRABAJO

Doce cosas que recordar	137
Hacer menos y ser más	138
Ser patrono	139
Razones del empresario	140
Trabajo y alegría	141
Todo el mundo se equivoca	142
Palabras de un reloj	143
Eficiencia	144
La fuente de tu habilidad	145
Se solicitan	146
Principios básicos de trabajo	147
Mensaje a García	148

LA RIQUEZA

El valor del dinero	153
Como el mar	154
La grandeza de un hombre	155
La extraña costumbre	156
Hoy	157
Ayer, hoy y mañana	158
Las mejores cosas de la vida	159
Se ha dejado de vivir	160
Prométete a ti mismo	161
Aprovechar la vida	162
Las palabras más importantes en la calidad total	163
¡Decídete!	164
Algunos secretos	166

LOS MEXICANOS

Responsabilidad social	171
La participación	172
Te darás a conocer	174
Nosotros mismos	175
¿Que es la patria?	176
Una reflexión	177
Ser guerrero impecable	178
El sello de un buen ciudadano	180
La gente	181
Fronteras	182
Víctor Hugo pide a Juárez el indulto de Maximiliano	183

LA COMUNICACIÓN CON DIOS

Oración	191
Enséñame, Señor	192
Sólo esto te pido	193
¿Por qué ahora?	194
La capacidad de creer	195
La iglesia de mis sueños	196
¿Me buscas?	197
Creer	198
¡Dios es vida!	199
Enséñanos a estar contentos	200
Resolución	201

LA JUVENTUD Y LA VEJEZ

Juventud	205
A los cuarenta	206
Lo que sabemos	207
¡Cómo vivir cien años felizmente!	208
La persona madura	209
Agradecimientos del anciano	210
Dios... ¡enséñame a envejecer!	211
El tiempo que le queda	212
La vida comienza a los setenta	213
Si me voy antes que tú...	214
Una carta	216
Mi testamento	218
Los espero en el cielo	220
¡Piensa en mí!	221
No es que hayan muerto, se fueron antes	222
Una silla vacía	223

ÍNDICE POR AUTORES 226

Alejandro, Alfredo, Ana María, Ángela, Aurora, Bertha, Carlos, Daniel, Eduardo, Enrique, Fernando, Gaby, Germán, Héctor Armando, Irene, Javier, Joaquín, Jorge Mario, Leticia, Leslie, Lisabeth, Lola, Luce, Luchi, Luis, Malena, Manuel, María, Mauricio, Mercedes, Merce, Miguel, Mónica, Octavio, Pedro, Raúl, Samuel, Santos, Stefano, Silvia, Simone, Tere, Tony, Tutuy, Vera, Víctor, Vivian.

¡Gracias!

> Estos pensamientos son el susurro de las hojas;
> ellos tienen su murmullo de alegría en mi mente.
>
> Rabindranath Tagore

La costumbre de leer con un lápiz en la mano me ha permitido entresacar muchas de las citas, frases, máximas y pasajes que llamaron mi atención, otras se las debo a la bondad de mis amigos. Con esos pensamientos preparé el primer libro que, con el nombre de *Un Regalo Excepcional*, llegó a tus manos y que hoy me permite continuar, pues considero pobre a aquel que no enriquece su vida con pensamientos que encierran belleza y verdad perennes, que vienen a sanar nuestra alma en los momentos críticos de la vida.

Por otra parte, en este libro se ha procurado integrar todas las ramas de la filosofía que han permitido al ser humano una mejor manera de vivir. Esta labor tiene el deseo de satisfacer las necesidades de quienes encuentran en el pensamiento de todos los tiempos una fuente de inspiración para sus actos. Con tristeza veíamos que iban perdiéndose por la apatía o por el descuido, olvidando que todos necesitamos guardar, como un tesoro en el corazón, el recuerdo de un pensamiento agradable para renovar nuestro espíritu. Y requerimos de una gran habilidad para usarlos, a fin de que nos lleven a niveles superiores de emoción y de logro.

Todos los que escriben tienen alguna cosa que decir y en ella se demuestran admirables. Nosotros ponemos nuestro grano de arena, dejando al alcance de la mano de quien esto lee la oportunidad de encontrar el pensamiento que fue expresamente escrito para él o ella, con el deseo de que en cada ser humano exista *una filosofía para vivir*.

Para descubrir esas joyas de aquellos que nos han dejado gran sabiduría —frases, anécdotas, pasajes, proverbios, aforismos, pensamientos y máximas—, ha sido creado *Un Nuevo Regalo Excepcional*, como continuación de *Un Regalo Excepcional*, para que ambos vengan a enriquecer nuestro cotidiano vivir.

Roger Patrón Luján

PRÓLOGO

Durante muchos años las frases célebres, las citas literarias, los pensamientos, las máximas y las bellas metáforas poéticas parecían haberse alejado de nosotros para quedar aisladas en los libros de consulta o en las antologías especializadas, en ocasiones tan difíciles de encontrar.

Por ello es motivo de elogio el notable esfuerzo de mi amigo Roger Patrón Luján, que confirma su vocación y sensibilidad literarias, al rescatar para nuestro disfrute y para legarlo a las nuevas generaciones, una espléndida recopilación de las más bellas joyas del pensamiento: un arcón pletórico de resplandecientes piedras preciosas.

De esta manera nos da la oportunidad de redescubrir una nueva posibilidad de lectura de esas síntesis de profunda filosofía vital: cuidadoso destilado de la sabiduría y de la experiencia forjadas en el ejercicio de lo mejor del espíritu humano.

Nuevamente, fiel a su ardua labor de búsqueda, Roger nos entrega otro hermoso libro, *Un Nuevo Regalo Excepcional*, cuyo variado contenido será materia de grata reflexión y enriquecimiento personal.

Estoy seguro de que los innumerables lectores de esta obra encontrarán en ella un faro múltiple de orientación en el a veces accidentado, pero siempre interesante, camino de la vida.

Joaquín Vargas Gómez

QUEDA DECRETADO...

Que ahora vale la verdad; que ahora vale la vida y que con todas nuestras fuerzas trabajaremos todos por la vida verdadera.

Que todos los días de la semana, incluso los miércoles más grises, tienen derecho a convertirse en mañanas de domingo.

Que a partir de este instante habrá girasoles en todas las ventanas; que los girasoles tendrán derecho a abrirse dentro de la sombra y que las ventanas deben permanecer todo el día abiertas hacia lo verde, donde crece la esperanza.

Que el hombre no necesitará nunca jamás dudar del hombre; que el hombre confiará en el hombre, como la palmera confía en el viento, como el viento confía en el aire, como el aire confía en el campo azul del cielo. El hombre confiará en el hombre como el niño confía en otro niño.

Que los hombres quedarán libres del yugo de la mentira; nunca más será preciso usar la coraza del silencio, ni la armadura de las palabras. El hombre ha de sentarse a la mesa con la mirada limpia, porque la verdad pasará a ser servida antes de la sobremesa.

Que se establece el reinado permanente de la justicia y de la caridad; y la alegría será una bandera generosa para siempre desplegada en el alma del pueblo.

Que el mayor dolor siempre fue, y será siempre, no poder dar amor a quien se ama, sabiendo que es el agua la que da a la planta el milagro de la flor.

Que está permitido que el pan de cada día tenga en el hombre la señal de su sudor. Pero que, sobre todo, tenga siempre el cálido sabor de la ternura.

Que, por definición, el hombre es un animal que ama y que por eso es bello, mucho más bello que la estrella de la mañana.

Que nada será exigido ni prohibido; todo estará permitido, incluso saltar con rinocerontes y caminar por las tardes con una inmensa begonia en la solapa. Sólo una cosa queda prohibida: *amar sin amor.*

Que el dinero no podrá jamás comprar el sol de las mañanas venideras; expulsado del gran cofre del miedo, el dinero ha de transformarse en una espada fraternal para defender el derecho de cantar.

Que se prohíbe el uso de la palabra libertad, la cual será suprimida de los diccionarios y del pantano engañoso de las bocas. A partir de este instante, la libertad será algo vivo y transparente, como un fuego o un río, o como la semilla del trigo, y su morada será siempre el corazón del hombre.

Thiago de Mello

La libertad

La libertad es la madre de todos los bienes cuando va acompañada de la justicia.

Marqués de Argenson

El espíritu de la libertad

¿Qué es el espíritu de libertad?

No puedo definirlo; solamente puedo decirte lo que yo creo.

> El espíritu de libertad es el espíritu que busca entender la mente de otros hombres y mujeres.
>
> El espíritu de libertad es el espíritu que pesa sus intereses contra los propios, sin favoritismo.
>
> El espíritu de libertad nos recuerda que hasta un gorrioncillo puede volar libremente en esta tierra.
>
> El espíritu de libertad es el espíritu de Él, quien, hace cerca de dos mil años, enseñó esa lección que nunca se ha aprendido, pero que tampoco nunca se ha olvidado:

¡Que habrá un reino en donde los más pequeños serán escuchados y considerados junto a los más grandes!

Anónimo

Si quieres ser libre, aprende a vivir de manera simple. Usa lo que tienes y siéntete contento en donde estás. Deja de intentar solucionar tus problemas cambiando de compañeros, de profesiones o mudándote a otro lugar.

Lao-Tsé

Los mayores enemigos de la libertad no son los que la oprimen, sino los que la deshonran.

Vincenzo Gioberti

Las cuatro libertades

En los días que vienen, miraremos a un mundo fundado en las cuatro libertades esenciales para la humanidad:

La primera es la libertad de cada persona de adorar a Dios a su manera.

La segunda es la libertad de expresión y discurso.

La tercera es libertad de deseos —que significa, en términos mundanos— el entendimiento económico que asegurará a cada nación una vida de saludable paz para sus habitantes.

La cuarta es libertad de miedo —de una forma que, ninguna persona ni nación se encuentre en la posibilidad de cometer un acto de agresión física contra cualquier vecino— en todo el mundo.

Franklin D. Roosevelt

No puedo hacer más por ti que darte aquello que es más dulce, más amado y más deseado que la vida: ¡Te doy la libertad!

Francisco Contreras

No hay dinero que pueda pagar la libertad.

Ulpiano

La libertad significa responsabilidad; por eso, la mayoría de los hombres le tiene tanto miedo.

George Bernard Shaw

La libertad ante todo

Gandhi decía que la *libertad del hombre* le importaba más que la *libertad de la patria*.

Tenía una visión clarísima de las prioridades:

"El fin de la vida es la visión de Dios y he de conseguirlo, si es preciso, sacrificándolo todo: familia, patria y hasta la vida."

Anthony de Mello

El hombre no es libre más que para obrar bien.

Platón

Libertad divina, ¿dónde anidarás?

Amado Nervo

¡Oh libertad preciosa,
no comparada al oro,
ni al bien mayor de la espaciosa tierra,
más rica y más gozosa
que el precioso tesoro
que el mar del sur entre su nácar cierra!

Félix Lope de Vega

Creados iguales

Exaltamos estas verdades para hacerlas evidentes:

Todos los hombres han sido creados iguales.

Han sido dotados por el Creador con ciertos derechos inalienables y, entre ellos, están:

La vida, la libertad y la búsqueda de la felicidad.

Thomas Jefferson

La libertad sin una autoridad fuerte e incólume, no es libertad al cabo de poco tiempo, sino anarquía.

Antonio Cánovas del Castillo

Sujetarse a las reglas de la razón es la verdadera libertad.

Plutarco

Por conservar la libertad, la muerte, que es el último de los males, no debe temerse.

Marco Tulio Cicerón

Sólo en la libertad se ama

Cuando amas la vida, realmente y con todas tus fuerzas, amas mucho más libremente a las personas.

El amor desinteresado es el único al que puede darse el nombre de AMOR.

Entonces, ¿por qué cuando eres tú el que amas o haces un favor, esperas una compensación?

¿No es bastante la alegría de poder amar y compartir libremente con otra persona lo que tienes?

Anthony de Mello

Si no disfrutas la libertad interior, ¿qué otra libertad esperas gozar?

Arturo Graff

El hombre es libre cuando nada teme ni nada desea.

Louis Auguste Petiet

En un estado verdaderamente libre, el pensamiento y la palabra deben ser libres.

Suetonio

La última libertad

Uno de los aspectos más importantes de nuestra humanidad es tener la libertad de escoger.

Nuestro gran Creador nos ha permitido escoger el mundo en el que hemos de vivir.

Si escogemos ser amorosos en pensamiento, palabra y obras, creamos un mundo amoroso.

Si escogemos pensamientos y acciones de miedo o enfermedad, entonces estas características llenarán el mundo en el que habitamos.

El tener libre albedrío significa ser capaz de escoger de nuevo. Nada es permanentemente fijo.

Al escoger nuevas opciones, el pasado puede curarse y podremos liberar de nuestra vida el dolor y el sufrimiento.

Aun cuando no escogemos nuestras condiciones exteriores, podemos escoger cómo responderemos a éstas.

¡Ésta es la última libertad!

Al poder ver cada situación como una contribución a nuestro más grande bien, podemos transformar hasta las circunstancias más difíciles en bendiciones.

Anónimo

Se encuentran muchos hombres que hablan de libertad, pero se ven muy pocos cuya vida no se haya consagrado, principalmente, a forjar cadenas.

Gustave Le Bon

La verdadera libertad

Al hombre sabio es imposible hacerlo esclavo.

La verdadera libertad está por encima de leyes, razas, políticas, fronteras e idiomas.

Un sabio griego, cuando iban a venderlo como esclavo, dijo:

"Aquí está un maestro, ¿hay algún esclavo que desee comprarme?"

Anthony de Mello

La libertad no consiste en hacer lo que se quiere, sino en hacer lo que se debe.

Ramón de Campoamor

El hombre, en su esencia, no debe ser esclavo, ni de sí mismo ni de los otros, sino un amante. Su único fin está en el amor.

Rabindranath Tagore

Es curioso ver cómo, a medida que las libertades teóricas aumentan, las libertades prácticas disminuyen.

Luis A. de Villena

El genio sólo puede respirar libremente en una atmósfera de libertad.

John M. Stuart

Condiciones

Si quieres ser respetado, debes respetarte a ti mismo y a los demás.

Si quieres dominar a otros, debes aprender a dominarte a ti mismo.

Si quieres amigos, sé amistoso.

Si quieres justicia, sé justo con los demás.

Si quieres que se te trate con consideración, sé considerado.

Si quieres cortesía, sé cortés.

Si quieres ser fuerte, sé apacible, pero valeroso.

Si quieres conservar tu reputación, busca buenas compañías.

Si quieres ser aceptado, nunca hables mal de tu prójimo.

Si quieres ser libre, deja en libertad a los demás.

Anónimo

¡Que todos los pájaros tomen parte en el cántico de la libertad humana!

Antonio de Trueba

Yo amo la libertad: ¡Quién no ama el día!

Gaspar Núñez de Arce

La anarquía es la muerte de la libertad.

Condé de la Guéronnière

Democracia

Nuestra constitución es llamada una democracia, porque se encuentra en las manos de muchos.

Pero nuestras leyes aseguran justicia igualitaria para todos en sus disputas privadas y nuestra opinión pública acepta y honra el talento en cada rama del logro, no por alguna razón sectorial sino en la base única de la excelencia.

Y, así como damos libre acción a todos en nuestra vida pública, así llevamos el mismo espíritu en nuestras relaciones cotidianas entre uno y otro... abiertos y amistosos en nuestro intercambio privado y en nuestros actos públicos, nos mantenemos estrictamente dentro del control de la ley.

Tucídides

De todas las tiranías de la humanidad, la peor es la que persigue a la mente.

John Dryden

El Dios que nos dio la vida, nos dio libertad al mismo tiempo.

Derechos de América Británica

La raza humana se encuentra en la mejor situación cuando posee el más alto grado de libertad.

Dante Alighieri

El camino a la libertad

Estamos acostumbrados a decir que *la verdad hace libres a los hombres.*

No hace nada de esto. Es el *conocimiento de la verdad* lo que crea la libertad.

Conocerás la verdad y la verdad te hará libre.

Estamos en una etapa donde el énfasis principal debe apoyarse en la difusión de la verdad. Necesitamos, como nunca hemos necesitado, una campaña educativa en donde hombres y mujeres vayan aquí y allá en una gran tarea de comunicación, tejiéndola a través del país como una red.

Necesitamos un bautizo del tipo adecuado de literatura, periódicos y mensajes que lleven la verdad. Esto hará que la gente de las naciones y del mundo tome conciencia.

Hemos llegado al momento en que no podemos permanecer a la defensiva; debemos, otra vez, reemprender la ofensiva.

Los colegios, las universidades, preparatorias y secundarias, con sus millones de jóvenes que habrán de tomar su lugar en la vida de la nación en pocos años, son el laboratorio donde la verdad debe demostrarse.

Ernest H. Cherrington

La vida es como la música; debe componerse con el oído, el sentimiento y el instinto, no con el cartabón.

Samuel Butler

Hombre nuevo y libre

Cuando se nos dio el regalo de la vida, se olvidaron de darnos un manual de instrucciones.

Algunos no lo necesitan; a otros su cultura les dio uno equivocado.

Estos últimos ven la vida como algo que los angustia y los llena de ansiedad.

Recuerda que naces en este mundo para renacer, para ir descubriéndote como un hombre nuevo y libre.

Anthony de Mello

Por sus frutos los conocerás. ¿Acaso se recogen uvas de los espinos o higos de los abrojos? Así, todo árbol bueno da frutos buenos, mientras que el árbol malo da frutos malos.

Nuevo Testamento

A ningún hombre se le debe detener, encarcelar, poner fuera de la ley, exiliar o dañar de cualquier forma, ni iremos en contra de él, ni lo sentenciaremos, excepto por el juicio legal de sus amigos o por la ley de la tierra.

Carta Magna

El amor

Cuando mi voz calle con la muerte, mi corazón seguirá hablándote.

Rabindranath Tagore

El himno al amor

Si yo hablase lenguas humanas y angélicas y no tengo amor, vengo a ser como metal que resuena o címbalo que tañe.

Y si tuviese profecía y entendiese todos los misterios y toda ciencia, y si tuviese toda la fe de tal manera que trasladase los montes, y no tengo amor, nada soy.

Y si repartiese todos mis bienes para dar de comer a los pobres y si entregase mi cuerpo para ser quemado y no tengo amor, de nada me sirve.

El amor es sufrido, es benigno; el amor no tiene envidia, el amor no es jactancioso, no se envanece; no hace nada indebido, no busca lo suyo, no se irrita, no guarda rencor; no se goza de la injusticia mas se goza de la verdad.

Todo lo sufre, todo lo cree, todo lo espera, todo lo soporta.

Las profecías se acabarán, cesarán las lenguas y la ciencia se acabará, pero el amor nunca dejará de ser.

Porque en parte lo conocemos y en parte lo profetizamos; mas cuando venga el Amor perfecto, entonces lo que es en parte se acabará.

Y de los tres que ahora permanecerán, la fe, la esperanza y el amor, el mayor de ellos es el *Amor*.

San Pablo

Sólo hay tres voces dignas de romper el silencio: la de la poesía, la de la música y la del amor.

Amado Nervo

¿A quién buscas?

Sólo si amas serás feliz, y sólo amarás si eres feliz.

Amar es un estado que no elige a quien amar, sino que se ama porque es lo único que se puede hacer.

Oír un solo instrumento en la sinfonía del amor es privarse de la armonía del concierto.

Amar es escuchar a todos.

Anthony de Mello

Entender no es solamente perdonar sino, en última instancia, amar.

Walter Lippmann

Confiar es más que fiarse del otro. Es tener la convicción de que me ama, de que es bueno y de que su bondad triunfará sobre sus desviaciones.

Anónimo

Si amo a la otra persona me siento uno con ella; pero con ella tal cual es, no como yo quisiera que fuera.

Erich Fromm

El amor nos enseña

El amor nos enseña todas las cosas, pero nosotros debemos aprender cómo ganar el amor.

Se obtiene con dificultad.

Es una posesión comprada a muy alto costo, con mucho trabajo y a largo plazo, ya que uno no solamente debe amar a veces, o por un momento pasajero, sino siempre.

Fyodor Dostoyevsky

Con un solo toque del amor, todos se vuelven poetas.

Platón

El corazón tiene razones que la razón no conoce.

Blaise Pascal

El amor es hijo de la libertad, nunca del dominio.

Anónimo

Para después de la luna de miel

Hay que aprender a turnarse el mal humor.

> Nunca se disgusten los dos a la vez. Si los dos pierden el control, entonces sí están al borde de la tragedia. El piloto y el copiloto no pueden salir al mismo tiempo de la cabina de control. Alguien tiene que llevar el mando.

No se griten nunca.

> La única excepción es si la casa se está quemando. Todo ruido desagradable es nocivo en el hogar. Pero si el ruido se hace con la lengua, y en ese momento ésta es de fuego, eso es una bomba atómica. Y la única bomba que puede existir en una casa es la de los niños, para inflar la llanta de su bicicleta.

Complázcanse mutuamente, siempre que no haya una razón de mucho peso.

> Si alguno se niega a los deseos del otro, que siempre exista esa razón. Pero esto tienen que hacerlo de mutuo acuerdo. Así ninguno de los dos será el consentido, y ninguno de los dos se convertirá en protector.

Cuando haya una oportunidad de lucirse, por ejemplo en la conversación, procuren que el lucido sea el otro.

> Es un pequeño detalle que la mayor parte de las veces no cuesta nada pero que se agradece mucho. Cuando esto se ha convertido en costumbre, crea un ambiente de agrado continuo, ya que nada agradecemos tanto como el que se reconozcan nuestros valores.

Dejen atrás, sin miedo y sin reservas, su antigua vida de solteros.

> No van a perder su individualidad ni su valor personal, sino que van a crecer constantemente en el amor, si realizan todas las actividades posibles como pareja. *En el matrimonio, uno más uno es más que dos.* Sus pasatiempos, sus amigos y familias, y aun su religión, no deben ser causa de separación, sino oportunidades para unirse más que nunca.

El hogar con fe y feliz es un hogar abierto.

> Ustedes necesitan, por supuesto, su privacidad pero no deben encerrarse en sí mismos. Especialmente los necesitados y los pobres deben sentirse bienvenidos, cómodos y respaldados en la casa de ustedes. A aquellos que comparten con alegría lo que tienen, nunca les falta lo necesario.

Nunca renueven el pasado ni la conducta errada, ni la discusión ni la falta que ya pasó y que ahora no existe.

> Para ustedes dos, sólo existe el momento y el futuro inmediato, nada más. No existe el pasado ni el futuro lejano. Remover el pasado, sobre todo, es crear situaciones difíciles, sin necesidad.

Que nunca termine un día sin un regalo.

> Este regalo puede ser, bien un cumplido, una ternura, una alabanza por algo que se hizo bien, una promesa, en fin, tantas cosas... pero siempre, al retirarse a la alcoba, que haya una sonrisa en la cara de ambos. Mas no esperes nunca el regalo. Dalo tú primero.

No hagan un hábito del beso, sobre todo del beso matinal y del que se espera al llegar a la casa.

Que siempre haya calor en el beso, aunque ya no haya llamaradas. Este calor seco, caliente y limpio, es el mejor signo de eternidad en el amor.

Sería imposible pedir que no haya discusiones, pero no se pierdan el placer de la reconciliación.

Nunca vayan a acostarse si tienen una discusión pendiente. No tengan miedo a las discusiones, siempre que éstas, pasada una media hora, terminen en un beso.

De esta forma su hogar tendrá vida. El hogar donde no se debate y donde no se piden excusas es un muerto sin enterrar. Pero no se olviden que, en toda discusión, el que menos razón tiene es el que más habla.

Anónimo

El amor conyugal
es un estar siempre en camino,
camino que nunca se acaba,
camino que es aventura,
siempre nueva,
siempre capaz de enriquecernos.

Anónimo

Te quiero

Te quiero no por lo que eres, sino por lo que soy yo cuando estoy contigo.

Te quiero no por lo que has hecho de ti misma, sino por lo que estás haciendo conmigo.

Te quiero por la parte de mí que haces que emane.

Te quiero por poner tu mano en mi corazón y pasar por todas las cosas tontas, frívolas y débiles que no puedes evitar ver ligeramente, y por extraer a la luz todas las pertenencias radiantes y hermosas que nadie más había mirado lo suficientemente lejos para encontrarlas.

Te quiero por ignorar mis debilidades y por permanecer firmemente atado a las posibilidades de lo bueno que hay en mí.

Te quiero por cerrar tus oídos a mis discordancias y por agregar la música en mí, cuando tú amablemente me escuchas.

Te quiero porque me estás ayudando a hacer de mi madera no una taberna sino un templo y, de mis palabras cotidianas, no un reproche sino una canción.

Te quiero porque has hecho más que cualquier credo podría haber hecho para hacerme feliz.

Te quiero porque lo has hecho sin un toque, sin una palabra, sin una seña.

Lo has hecho, primero al ser tú misma y, después de todo, quizá *porque me amas*.

Anónimo

La amistad es el más alto grado de perfección en la sociedad.

Montaigne

Huellas del verdadero amor

Es tener:

Un interés genuino en la otra persona y en todo aquello que él o ella hace.

Una comunidad de gustos, ideales y criterios, sin enfrentamientos fuertes.

Una mayor felicidad al estar con esa persona y no con otras.

Un orgullo en la persona cuando se hacen comparaciones.

Una desdicha real cuando la otra persona está ausente.

Un gran sentimiento de camaradería.

Un deseo de dar y tomar.

Newell W. Edson

El verdadero amor es como el fuego: entre más caliente más puro; y difiere del ardor del deseo como el calor blanco de un horno oloroso difiere de las flamas humeantes y rudas de una antorcha que se lleva por las calles.

Ellen Key

Por otra parte, el amor, al encumbrar el sentimiento de la propia existencia, enriquece también el mundo exterior de nuestra vida. Para el enamorado, el mundo adquiere una abundancia y variedad insospechadas.

Manuel García Morente

Para amarte a ti

Me quité los zapatos para andar sobre las brasas.

Me quité la piel para estrecharte.

Me quité el cuerpo para amarte.

Me quité el alma para ser tú.

Jaime Sabines

Se ama a aquel a quien se trabajó, se trabaja por aquel a quien se ama.

Gibrán Jalil Gibrán

El amor es, más bien, una confluencia de dos vidas que se unen con el afán de fundirse, confundirse en una sola.

Manuel García Morente

El amor no consiste en mirarse uno al otro, sino en mirar juntos hacia la misma dirección.

Antoine de Saint-Exupéry

El amor es una planta de primavera que todo lo perfuma con su esperanza, incluso las ruinas por donde trepa.

Gustave Flaubert

El amor

Cuando el amor te llame, síguelo;
aunque sus caminos sean arduos y penosos.
Y cuando sus alas te envuelvan, entrégate a él;
aunque la espada escondida bajo su plumaje pueda herirte.

Cuando el amor te hable, cree ciegamente en él;
aunque su voz derribe tus sueños
como el viento destroza los jardines.
Porque si el amor te hace crecer y florecer,
él mismo te podará.

Y nunca te creas capacitado para dirigir el curso del amor,
porque el amor, si te considera digno de sí,
dirigirá tu curso por los caminos de la vida.
Esto hará el amor en ti
para que conozcas los secretos del corazón.

El amor no da más que de sí mismo
y no toma más que de sí mismo.
El amor no posee nada
y no quiere que nadie lo posea,
porque el amor se sacia en el amor.

Por eso, cuando ames, no debes decir:
"Dios está en mi corazón", es mejor decir:
"Estoy en el corazón de Dios".

Y así, despierta cada amanecer,
con el corazón agradecido por un día más de amor;
al mediodía, reposa y medita sobre la plenitud del amor;
cuando decline el día,
da gracias al regresar a tu hogar;
y duerme luego, con una plegaria
en tus labios por el ser amado,
y una oración de alabanza a Dios
en tu corazón.

Gibrán Jalil Gibrán

El amor es un símbolo

El amor es un símbolo de la eternidad. Borra el sentido del tiempo, destruyendo toda la memoria del principio y todo el miedo del final.

Anne Louise de Staël

Amar es zambullirse en el fondo de lo finito para encontrar lo inagotable.

Paul Claudel

La admiración ensalza, el amor es mudo.

Ludwig Börne

Todo es motivo de apetencia porque todas las cosas nos llaman y nos atraen. El amor no se cansa de amar.

Duque de Guisa

El amor auténtico no se descorazona ni siquiera ante la indignidad y falta de valor de la persona amada.

Anónimo

El significado del amor

En su autobiografía, *La historia de mi vida*, Helen Keller dice cómo, siendo una niña sorda y ciega, aprendió de Anne Sullivan el significado del *amor*.

Recuerdo la mañana que por primera vez pregunté el significado de la palabra *amor*. Esto fue antes de que supiera muchas palabras. Encontré algunas violetas en el jardín y las llevé a mi maestra. Ella intentó besarme, pero en esa época no me gustaba que nadie me besara, excepto mi madre. La señorita Sullivan me abrazó suavemente y deletreó en mi mano: *Amo a Helen.*

—¿Qué es amor? —pregunté.

Me acercó hacia ella y dijo: —Está aquí —apuntando hacia mi corazón. Sus palabras me cuestionaron mucho, porque en ese entonces no entendía nada, a menos que lo tocara.

Olí las violetas en su mano y pregunté, la mitad en palabras la mitad en señas.
—¿El amor es la dulzura de las flores?

—No —dijo mi maestra.

Otra vez, cuando el sol cálido brillaba sobre nosotras, pregunté:

—¿No es esto amor? —apuntando hacia la dirección de donde provenía el calor.

Uno o dos días después, el sol había estado debajo de una nube todo el día y hubo gotas de lluvia; pero de pronto el sol salió en todo su esplendor sureño. Otra vez pregunté a mi maestra:

—¿No es esto amor?

—El amor es algo como las nubes que estaban en el cielo mucho antes de que el sol saliera —respondió.

Entonces, en palabras más simples que éstas, las que en aquel momento no pude haber entendido, explicó:

—No puedes tocar las nubes, sabes, pero puedes sentir la lluvia y saber qué contentas se ponen las flores y la sedienta tierra después de un día caluroso. Tampoco puedes tocar el amor; pero sientes la dulzura que se derrama en todo. Sin amor no serías feliz ni querrías jugar.

La hermosa verdad explotó en mi mente... sentí que el amor eran líneas invisibles que se extienden entre mi espíritu y el espíritu de los demás.

Helen Keller

En la amistad no hay nada pretendido, nada fingido; lo que hay en ella es tan genuino como espontáneo.

Marco Tulio Cicerón

El amor es suave, sincero, piadoso, agradable, gentil, fuerte, paciente, fiel, prudente, sufrido y nunca busca lo suyo; porque donde hay un hombre que busca lo propio, ahí no hay amor.

Thomas A. Kempis

Amor perdurable

Preguntaba una pareja de recién casados:

—¿Qué debemos hacer para que perdure nuestro amor?

Y ésta fue la respuesta del Maestro:

—Amad los dos juntos otras cosas.

La armonía se logra cuando juntos están disponibles y sensibilizados para escuchar todas las melodías.

Anthony de Mello

Aquel que no odia nada de lo que vive, y vive benevolente y compasivo, exento de egoísmos y arrogancias, inconmovible ante el bien y el mal, a ése lo amo bien.

Sabiduría hindú

El amor es la ocasión única de madurar, crecer, cambiar un mundo por el amor de la persona amada. Los jóvenes deberían ver en el amor solamente la obligación de mejorar, y que el don de darse es el verdadero fin.

Rainer María Rilke

El amor no puede ser profundo si no es puro.

Auguste Comte

Amar siempre

Yo no te digo que el amor no haga daño, lo que te digo es que estoy resuelto a amar mientras viva, a amar siempre, siempre, siempre...

Amado Nervo

¿Qué haces cuando escuchas una sinfonía? Te deleitas con ella y la dejas pasar, sin querer atraparla, pues en su transcurrir está la armonía, siempre renovada y fresca. En el amor es igual. En cuanto intentas aprisionarlo destruyes toda su belleza.

Anthony de Mello

Por raro que sea el verdadero amor, es menos raro que la verdadera amistad.

La Rochefoucauld

Lo importante en el matrimonio es saberse alejar, sin distanciarse.

Anónimo

Ningún rosal tiene, a la vez, tantas rosas y espinas como el amor.

Manuel García Morente

El amor es la medicina

El amor es la medicina de todo mal moral.

Con el amor el mundo se cura del pecado.

El amor es el vino de la existencia.

Cuando lo has tomado, has bebido la gota más valiosa que existe.

La naturaleza del supremo amor es ser sensible al acto de forzarlo hacia otro sin prohibición ni reciprocidad.

Entre más sutil, el amor es más fuerte y más sublime.

Henry W. Beecher

Los ojos de una mujer alcanzan su expresión suprema en una mirada de ternura.

Amado Nervo

La felicidad suprema de la vida es la convicción de que somos amados.

Víctor Hugo

Con el tiempo...

Con el tiempo...

aprendes la sutil diferencia entre tomar la mano de alguien y encadenar un alma.

Y aprendes que el amor no significa apoyarte en alguien y que la compañía no significa seguridad.

Con el tiempo...

empiezas a entender que los besos no son contratos, ni los regalos promesas.

Y aceptas tus derrotas con la cabeza en alto, con los ojos bien abiertos, con la compostura de una mujer y no con el rostro afligido de una niña.

Con el tiempo...

aprendes a construir todos tus caminos en el hoy, porque el terreno de mañana es demasiado incierto para hacer planes.

Y aprendes que incluso los agradables rayos del sol queman, si te expones demasiado a ellos.

Por lo tanto...

siembra tu propio jardín y adorna tu propia alma, en vez de esperar que alguien te traiga flores.

Y así aprenderás que puedes sobrellevarlo todo, que en verdad eres fuerte, vales mucho y que con cada mañana llega un nuevo amanecer.

Anónimo

La felicidad

La primera obligación del hombre es ser feliz y, la segunda, hacer felices a los demás.

Mario Moreno "Cantinflas"

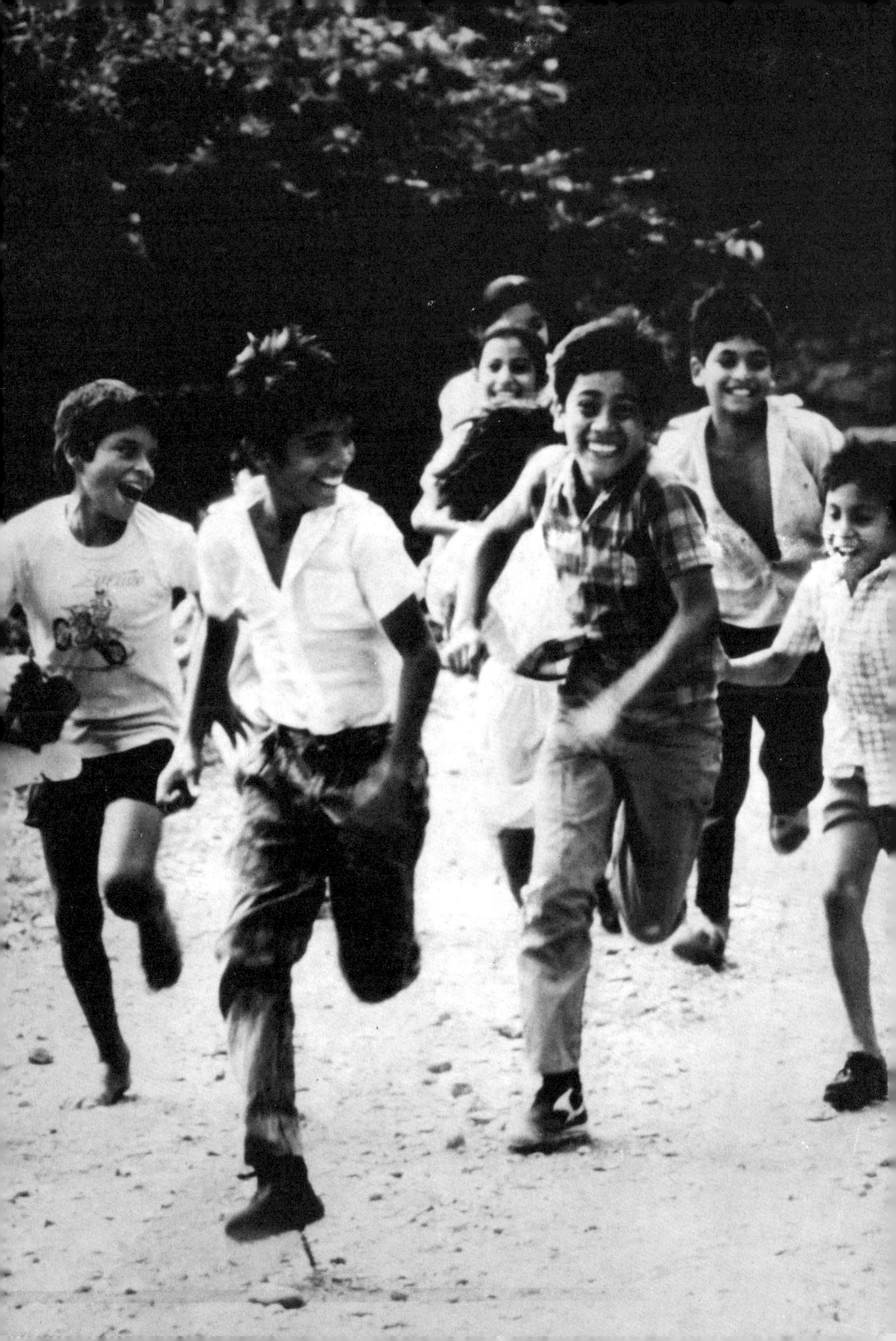

El placer de servir

Toda la naturaleza es un anhelo de servicio.

Sirve la nube, sirve el aire, sirve el surco.

Donde haya un árbol que plantar, plántalo tú; donde haya un error que enmendar, enmiéndalo tú; donde haya un esfuerzo que todos esquiven, acéptalo tú.

Sé el que aparta la estorbosa piedra del camino; sé el que aparta el odio de entre los corazones y sé el que resuelve las dificultades del problema.

Existe la alegría de ser sano y la de ser justo; pero hay, sobre todo, la hermosa, la inmensa alegría de servir.

¡Qué triste sería el mundo si todo en él estuviera hecho, si no hubiera una rosa que plantar, una empresa que acometer!

Que no te llamen solamente los trabajos fáciles. ¡Es tan bello hacer lo que otros esquivan!

Pero no caigas en el error de que sólo se hacen méritos con los grandes trabajos; hay pequeños servicios que son buenos servicios: adornar una mesa, ordenar unos libros, peinar a una niña...

Aquél es el que critica, éste es el que destruye: ¡sé tú el que sirve!

El servir no es faena de seres inferiores. Dios, que da el fruto y la luz, sirvió. Pudiera también llamársele así: ¡El que sirve!

Él tiene sus ojos fijos en nuestras manos y nos pregunta cada día:

¿Serviste hoy? ¿A quién? ¿Al árbol, a tu amigo, a tu madre?

Gabriela Mistral

La alegría de ser y vivir

Encontramos la alegría de ser y vivir en el momento en que aprendemos a apreciar y disfrutar... no sólo lo que la vida nos ofrece, sino también lo que nosotros podemos brindarle.

Tanto en la naturaleza, con:

    las caricias benevolentes del sol,
    las formas caprichosas de los acantilados,
    el sonido estrepitoso del mar,
    los matices verdes de la pradera,
    la nieve luminosa en las montañas,
    el ritmo cadencioso del río,
    las figuras mutantes de las nubes,
    las gotas cristalinas en el verano,
    la tranquilidad del lago al amanecer,
    el saludo perenne de las estrellas,
    el silencio acompasado de la noche,
    las fauces hambrientas del tigre,
    la búsqueda incansable de la gaviota,
    el regreso acertado de la golondrina.

Así como en los demás, con:

    las palabras cándidas de la madre,
    la reprimenda formativa del padre,
    la complicidad secreta de los abuelos,
    el humor vivaz del hermano,
    las observaciones críticas del amigo,
    el abrazo fusionante del amante,
    la risa espontánea del niño,
    la partida inesperada de quien se ama,
    la rebelión desafiante del adolescente,
    la cordura estable del adulto,
    la mirada serena del anciano,
    las pinceladas emotivas de una acuarela,
    el verso hiriente de un poema,
    el éxtasis fugaz de una sinfonía.

Y en nosotros mismos, con:

> la satisfacción plena al dar,
> la convicción suprema de no poseer,
> la experiencia gratificante al compartir,
> la disolución paulatina del miedo,
> el goce incomparable de la soledad,
> el encuentro maravilloso con uno mismo,
> el apego entusiasta a los ideales,
> el deseo absoluto de aprender,
> la recompensa sutil de la fe,
> la búsqueda constante de la verdad,
> la lucha infinita por trascender,
> la reconciliación auténtica con el mundo,
> la comunión eterna con Dios y
> la armonía triunfal del Ser.

Irene Fohri

Yo me he vengado del desconsuelo de mi vida consolando a otros.

Anónimo

No pronuncies en secreto palabra alguna que no puedas pronunciar ante mil personas.

Anónimo

La fuente de la felicidad

Me parece que tanta desdicha se debe a los nervios; y nervios alterados son el resultado de no tener nada que hacer o hacer una cosa mal, sin éxito o incompleta.

De toda la gente desdichada en el mundo, los más desdichados son aquellos que no han encontrado algo que ellos quieran hacer.

La felicidad verdadera llega a quien hace su trabajo bien, seguido de un periodo de descanso refrescante y relajante.

La felicidad verdadera proviene del balance adecuado de trabajo para el día.

Lin Yutang

Amo el canto del zenzontle,
pájaro de las cuatrocientas voces;
amo el color del jade
y el enervante perfume de las flores...
pero más amo a mi hermano, el hombre.

Nezahualcoyotl

A todos

No necesitamos llegar a ser pobres para saber pedir,
ni tenemos que llegar a ser ricos para poder dar.

Necesitamos merecer para recibir,
requerimos recibir para tener,
debemos tener para dar,
tenemos que dar para obtener.

Y así, el que no tiene ¡*recibirá!*
y quien ya tiene ¡*compartirá!*

Stefano Tanasescu Morelli

Brindo por que, al ascender la montaña de la prosperidad, no nos encontremos a ningún amigo que venga descendiendo.

Anónimo

El humor es una de las mejores prendas que se pueden vestir en sociedad.

William M. Thackeray

Este día

El ayer no es más que un sueño,
el mañana no es más que una visión,
pero el presente, bien vivido,
hace de cada ayer un sueño de felicidad y,
de cada mañana, una visión de esperanza.

Por lo tanto,
prestemos atención a este día.

Sabiduría hindú

Lo importante no es viajar en primera clase; lo importante es ir al cielo en primera clase.

Eugenia Arroyo de Torres

De todas las cosas que llevas puestas, tu expresión es la más importante.

Anónimo

Las soledades

Triste es la soledad que se halla sin buscarla; pero placentera es la que se logra como consecuencia de una búsqueda.

Porque la soledad, bien sea hallada o buscada, forma parte de la vida del hombre.

Solo se siente en la encrucijada de su adolescencia, porque ignora aún en quién se va a convertir.

Solo se siente en su juventud, cuando sufre la primera decepción amorosa.

Solo en su adultez, cuando filosofa y cae en el escepticismo.

Solo en la vejez, cuando sufre el abandono de sus hijos.

Pero cuando se tiene compañía, uno necesita de momentos de soledad.

Bien sea para concentrarse en el pensar,

bien sea para meditar con provecho,

bien sea para el íntimo acto de comunicarse con su Creador.

Así, unas soledades son tristes por encontrarlas sin haberlas buscado; otras son placenteras, por ser deseadas.

Alfredo Patrón Arjona

No he sufrido nunca una pena que una hora de lectura no me haya quitado.

Charles L. de Montesquieu

¿Qué es servir?

Servir es sembrar; sembrar semilla buena.

No es preciso haberla recibido o cosechado, ella mana milagrosamente de recónditas alforjas del espíritu y el corazón.

Servir es sembrar siempre, sin descanso, aunque sólo sean otros los que recojan y saboreen las cosechas.

Servir es servir a todos y a cualquiera, y no preferentemente a quienes, a su vez, puedan servirnos.

Servir es mucho más que dar con las manos algo de lo que se tiene; es dar con el alma lo que, tal vez, nunca nos fue concedido.

Servir es distribuir afecto, bondad, cordialidad, apoyo moral, así como ayuda material.

Servir es repartir alegría, estima, admiración, respeto, gratitud, sinceridad, honestidad, libertad y justicia; es infundir fe, optimismo, confianza y esperanza.

Servir es, en verdad, dar más de lo que recibimos en la vida y de la vida.

Paul F. Schurman

Sé como el sándalo que perfuma el hacha que lo hiere.

Anónimo

Beneficio

Un discípulo se acercó a su maestro y dijo:

—Soy un hombre rico y he llegado a poseer una gran fortuna. ¿Cuál es la mejor manera de usarla para que redunde en mi beneficio espiritual?

El maestro sugirió:

—Regresa dentro de una semana y te daré la respuesta.

Cuando el discípulo regresó, el maestro dijo con un suspiro:

—No sé qué decirte. Si te digo que la dones a tus amigos y parientes, no te dará ningún beneficio espiritual. Si te digo que la ofrezcas al templo, solamente alimentarás la avaricia de los sacerdotes. Y si te digo que se la des a los pobres, te sentirás envanecido por tu caridad y caerás en el pecado de autoindulgencia.

Dado que el discípulo presionó al maestro para que le diese una respuesta, finalmente le aconsejó:

—Dona el dinero a los pobres ya que, aunque tú no te beneficies, por lo menos ellos sí saldrán beneficiados.

Hay más alegría en dar que en recibir.

Anónimo

Elige la mejor manera de vivir; la costumbre te la hará agradable.

Pitágoras

Veinte buenas acciones

¡Lucha!

¡Alcanza!

¡Siente!

¡Encuentra!

¡Aguanta!

¡Piensa!

¡Consuela!

¡Habla!

¡Sufre!

¡Entiende!

¡Olvida!

¡Goza!

¡Escucha!

¡Enfrenta!

¡Calla!

¡Decide!

¡Perdona!

¡Sonríe!

¡AMA!

... se arreglarán muchas cosas y serás feliz.

Vivian Caballero Molina

¿Qué hombre es feliz?

El dinero sirve para procurar comodidades; pero la vida no ha de servir únicamente para procurar dinero.

Se le preguntó a un sabio:

—¿Qué hombre es feliz? ¿Qué hombre es desgraciado?

—Es feliz —respondió— el que ha comido y ha sembrado; infeliz el que ha muerto y no supo impedir que su dinero fuera estéril.

Anónimo

Hay tres cosas que precisan de otras tres para sostenerse: la riqueza del comercio; la ciencia, de la controversia; el poder, de la autoridad.

Anónimo

Un optimista ve una oportunidad en toda calamidad; un pesimista ve una calamidad en toda oportunidad.

Winston Churchill

Cuando se sufre, sólo hay un remedio eficaz: el trabajo.

Anónimo

Intentando

Ningún mérito se le da a estos hombres porque ninguno obtiene resultados:

> Al hombre que es crítico pero nunca intenta por sí mismo.

> Al hombre que cae y nunca intenta levantarse otra vez.

> Al hacedor que puede hacerlo mejor pero no lo intenta.

Nuestro respeto:

> Al hombre que ha intentado y casi llega, y lo vuelve a hacer, pero siempre se mantiene intentando.

> Al hombre cuya cara tiene cicatrices, el cuerpo herido, cubierto con polvo, sudor y sangre.

> Al hombre que ha luchado en su interior valientemente, dándose totalmente para seguir las metas que ha escogido.

> Al hombre que triunfa al suprimir sus miedos, entra al campo de la vida con nada más que la devoción y su voluntad.

Sólo a estos hombres, con su gran entusiasmo y determinación, podemos premiarlos con nuestra alabanza y admiración.

Ellos lo han logrado.

Y ya sea que triunfen o fracasen, no nos preocupa. Por lo menos, ellos habrán intentado una y otra vez, sabiendo que si la muerte llega ese día, no serán tan pobres como esas almas superficiales y tímidas que durante su vida ni siquiera lo intentaron.

James M. Alvarez

Dar

Hay algunos que dan poco de lo mucho que tienen y lo dan para que se les reconozca; este deseo oculto hace que sus regalos no promuevan el bienestar.

Y hay aquellos que tienen poco y lo dan todo.

Éstos son los que creen en la vida y en la generosidad de la vida; su cofre nunca estará vacío.

Hay aquellos que dan con alegría, y esa alegría es su premio.

Y hay aquellos que dan con dolor, y ese dolor es su bautismo.

Y hay aquellos que dan y no conocen el dolor al dar, ni buscan alegría, ni lo dan pensando en la virtud; ellos dan tal como, en el valle distante, el mirto respira su fragancia en el espacio.

Por medio de las manos de personas como éstas, Dios habla y, detrás de sus ojos, Él sonríe hacia la tierra.

Gibrán Jalil Gibrán

Si hablas en presencia de tus enemigos, mide tus palabras, no sea que se vuelvan amigos y te toque avergonzarte de ellas.

Anónimo

Solamente una vida, vivida para los otros, vale la pena ser vivida.

Albert Einstein

Lo que podemos dar

No existimos para ser nosotros mismos el centro del Universo.

Es sólo cuando estamos totalmente convencidos de este hecho que empezamos a amarnos a nosotros mismos de manera adecuada y, entonces, amamos a otros.

¿Qué es lo que quiero decir con amarnos a nosotros mismos?

Lo que quiero decir, en primer término es que deseamos vivir, aceptamos la vida como un gran regalo y un gran bien, no por lo que nos da, sino por lo que nos permite dar a los demás.

Thomas Merton

Si tu carga es muy pesada, piensa en los otros:
si te desanimas, ellos paran,
si flaqueas, ellos ceden,
si te sientas, ellos se deleitan,
si dudas, ellos se desesperan,
si criticas, ellos te destruyen,
si caminas de frente, ellos te sobrepasarán,
si les das la mano, ellos te darán la vida.

Escoteros de Francia

Las buenas acciones son los hilos invisibles en las puertas del cielo.

Víctor Hugo

Una sonrisa

Una sonrisa no cuesta nada y, en cambio, da mucho.

Enriquece a quien la recibe sin empobrecer a quien la otorga. Una sonrisa toma un momento y, sin embargo, casi siempre perdura en la memoria.

Nadie hay que sea tan rico ni poderoso que pueda pasarse sin una sonrisa, ni nadie tan pobre que no pueda ser enriquecido asimismo con una sonrisa.

Crea y protege la buena suerte en los negocios y es la contraseña más preciada de la amistad.

Brinda descanso al fatigado, entusiasmo al abatido, alegría al triste y es el mejor antídoto natural que existe contra las dificultades.

Sin embargo, la sonrisa es algo que no puede ser comprado, mendigado, ni tampoco se puede pedir como un préstamo, porque es un don que no tiene valor, sino hasta el momento en que se prodiga espontáneamente.

Hay seres tan cansados de la vida que ya no pueden otorgar sonrisas.

Démosle a ellos una de las nuestras; porque no hay nadie que más las necesite que aquellos que ya no tienen sonrisas que ofrecer.

Anónimo

Todos somos aficionados en nuestra corta vida; no tenemos tiempo para otra cosa.

Charles Chaplin

La amistad

Si los ciudadanos practicasen entre sí la amistad, no tendrían necesidad de la justicia.

Aristóteles

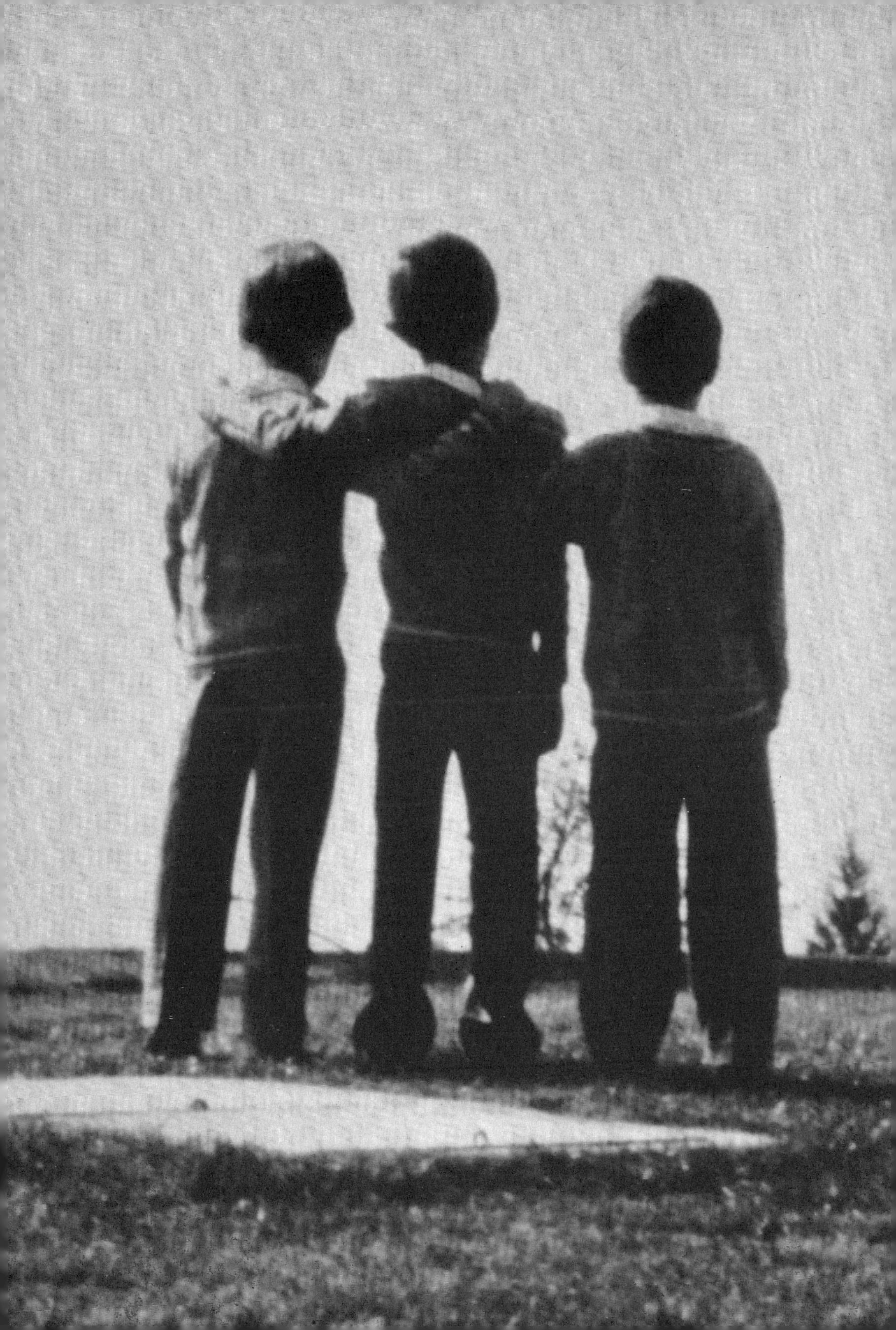

Amistad

—Mi amigo no ha regresado del campo de batalla, señor. Solicito permiso para ir a buscarlo —dijo un soldado a su teniente.

—¡Permiso denegado! —replicó el oficial—. No quiero que arriesgue usted su vida por un hombre que probablemente ha muerto.

El soldado, haciendo caso omiso de la prohibición, salió, y una hora más tarde regresó mortalmente herido, transportando el cadáver de su amigo.

El oficial estaba furioso:

—¡Ya le dije yo que había muerto! ¡Ahora he perdido a dos hombres! Dígame, ¿merecía la pena ir allá para traer un cadáver?

Y el soldado, moribundo, respondió:

—¡Claro que sí, señor! Cuando lo encontré, todavía estaba vivo y pudo decirme:

—*Juan... ¡estaba seguro de que vendrías!*

Anthony de Mello

Si un hombre no hace nuevos amigos al avanzar por la vida, pronto se encontrará solo. Un hombre debería mantener su amistad en reparación constante.

Samuel Johnson

Un tributo a la amistad

Amistad.

Hay algo muy especial en esa palabra.

El mundo hace reverencia a las personas que se comprometen con los demás.

En su honor, muchas guerras han sido disputadas y ganadas; se han regalado fortunas, y las coronas han sido abdicadas.

Por servirle, nos mantenemos en vela junto a la cama del enfermo, adoptamos a los huérfanos, cuidamos de las viudas y vestimos a los necesitados.

La amistad trae calor al limosnero que tiembla de frío, acompaña al solitario y hace reír al que sufre.

Por el compromiso de la amistad, hombres y mujeres han sido quemados en hogueras, han sido muertos por leones, mutilados, aprisionados y martirizados.

En tributo a la amistad, la humanidad ha compuesto sinfonías, escrito clásicos y pintado obras maestras.

Es una palabra de respeto y veneración, una palabra de oración y esperanza. Es la clase más rara de amor, la forma menos egoísta... la amistad.

Anónimo

Amar a Dios no es obstáculo para amar incondicional, tierna y apasionadamente a los amigos.

Anthony de Mello

¿Qué es un amigo?

Una publicación ofreció un premio por la mejor definición de amigo y, entre las miles de respuestas que se recibieron, se encuentran las siguientes:

Es alguien que multiplica las alegrías, divide la penas y cuya honestidad es inviolable.

Es alguien que entiende nuestro silencio.

Es un volumen de compasión envuelto en tela.

Es un reloj que late verdad todo el tiempo y nunca se descompone.

Aquí está la definición que ganó el premio:

Un amigo es aquel que llega cuando todo el mundo se ha ido.

Anónimo

La amistad puede acrecentar considerablemente la capacidad de acción y creación de los hombres.

Anónimo

Anhelar y despreciar las mismas cosas representa la más firme garantía de la amistad.

Salustio

Definición de un amigo

Un amigo es una persona que nunca duda de ti, pues la mayor injuria que se le puede hacer a un hombre es dudar de él.

Un amigo es un ser clarividente que tiene el valor de decirte: "estás mal".

Un amigo es un corazón grande que olvida y perdona.

Un amigo que se compromete a ayudarte es una perla en el fondo del mar.

Henri Didon

Valores en la vejez:

Viejo libro que leer,
vieja leña que quemar,
viejo vino que beber,
viejo amigo con quien hablar.

Alfonso X

La función del amigo es ser la tabla de salvación en nuestro dolor.

Joshua Loth Liebman

Un amigo

Hacer un amigo...   es un don.

Tener un amigo...   es una gracia.

Conservar un amigo...   es una virtud.

Ser un amigo...   es un honor.

Stefano Tanasescu Morelli

Sólo quien sabe ser amigo puede tener amigos.

Ralph W. Emerson

Un amigo es aquel que adivina siempre el momento en que se le necesita.

Jules Renard

Reprende al amigo en secreto, y alábalo en público.

Leonardo Da Vinci

Tres tipos de amistad

Existen tres tipos de amistad que nos proporcionan ventajas y otros tres que nos perjudican:

La amistad con los sinceros, la amistad con los constantes y la amistad con los hombres cultos, son amistades ventajosas.

La amistad con los falsos, la amistad con los aduladores y la amistad con los charlatanes, son amistades perjudiciales.

Confucio

Un amigo es uno mismo en la piel de otro.

Justo Molachino

La fortaleza del hombre se prueba en la desgracia, y la fidelidad de un amigo se prueba en la tempestad.

Theodor Körner

La primera ley de la amistad consiste en pedir a los amigos cosas honestas, y hacer por los amigos cosas honestas.

Marco Tulio Cicerón

Un gran amigo

Un gran amigo es a quien siempre encontrarás.

Quien te hace enfrentar la verdad.

Quien sufre cuando enfrentas golpes de la vida.

Quien no espera nada a cambio de su amistad.

Quien se acuerda de ti, aunque tú no lo hagas.

Quien se acerca a tu vida, tanto en las buenas como en las malas.

Un gran amigo es quien te enseña una faceta del amor.

Anónimo

Gracias a la amistad logramos la toma de conciencia simultánea tanto de nuestra riqueza como de nuestra indigencia.

Ignace Lepp

Del que tiene un verdadero amigo, puede afirmarse que posee dos almas.

Arturo Graff

Es difícil reemplazar a los verdaderos amigos.

Séneca

Sentir a una persona

Lo importante es sentir a una persona como amiga.

Lo demás, la frecuencia, la confidencia, todo puede ser prescindible.

Sentir esa amistad, saber que esa amistad es compartida, es algo precioso.

Quiere decir que uno nunca está solo, que uno puede contar con la otra persona, que acaso no está pensando en uno en ese momento, *pero no importa.*

Jorge Luis Borges

La amistad figura entre los bienes mayores y más dulces que pueda poseer el hombre en este mundo.

Girolamo Savonarola

No te des prisa en ganar nuevos amigos ni en abandonar a los que tienes.

Solón

Todas las grandezas de este mundo no valen lo que un buen amigo.

Voltaire

Un amigo es quien ...

Te ayudará en el momento de una enfermedad.

Te prestará dinero sin acumular intereses.

Te ayudará a subir cuando vas resbalando.

Te defenderá cuando otros hablen mal de ti.

Creerá en tu inocencia hasta que admitas tu culpabilidad.

Dirá detrás de ti lo que dice enfrente de ti.

Te saludará en donde te encuentre aunque vayas desarreglado.

Hará todo esto sin esperar nada a cambio.

Dorothy C. Retsloff

Una vez le preguntaron a Aristóteles cómo deberíamos comportarnos con nuestros amigos, y la respuesta fue: "Como nosotros quisiéramos que nuestros amigos se comportaran con nosotros".

Plutarco

Un amigo es una persona con la que se puede pensar en voz alta.

Ralph W. Emerson

El hombre con el hombre

Piensa en la importancia de la amistad, en la educación del hombre.

    Hará a un hombre honesto,
    lo hará un héroe,
    lo hará un santo.

Es el estado de:

    lo justo con lo justo,
    lo magnánimo con lo magnánimo,
    lo sincero con lo sincero,
    el hombre con el hombre.

Henry David Thoreau

¿Qué es un amigo? Es aquel que te apoya y consuela mientras otros no lo hacen.

Samuel Johnson

Los verdaderos amigos nos visitan en la prosperidad solamente cuando los invitamos; pero, en la adversidad, vienen sin ser invitados.

Teofrasto

No cambies

Fui un neurótico por años, estaba ansioso, deprimido y era egoísta.

Todos me decían que cambiara.

Sentía antipatía por ellos pero también estaba de acuerdo; *quería cambiar*, pero no podía hacerlo por más que intentaba.

Lo que más me lastimaba era que, como los otros, mi mejor amigo insistía en que cambiara.

Entonces me sentí débil y atrapado.

Pero un día me dijo: "No cambies, te quiero tal y como eres".

Esas palabras fueron como música para mis oídos:

¡No cambies, no cambies, no cambies... te quiero tal y como eres!

Me relajé, reviví y de pronto cambié.

Ahora sé que no podía cambiar realmente hasta que encontrara a alguien que me quisiera, cambiara o no.

Anónimo

Pobre no es el hombre que tiene muy poco, sino el que quiere más.

Séneca

No puedes evitar que aves de tristeza vuelen sobre tu cabeza; pero sí puedes evitar que aniden en tu pelo.

Sabiduría china

El hombre y la mujer

La falta de seguridad, respeto y amor puede causar tantas enfermedades como la falta de vitaminas.

Abraham Maslow

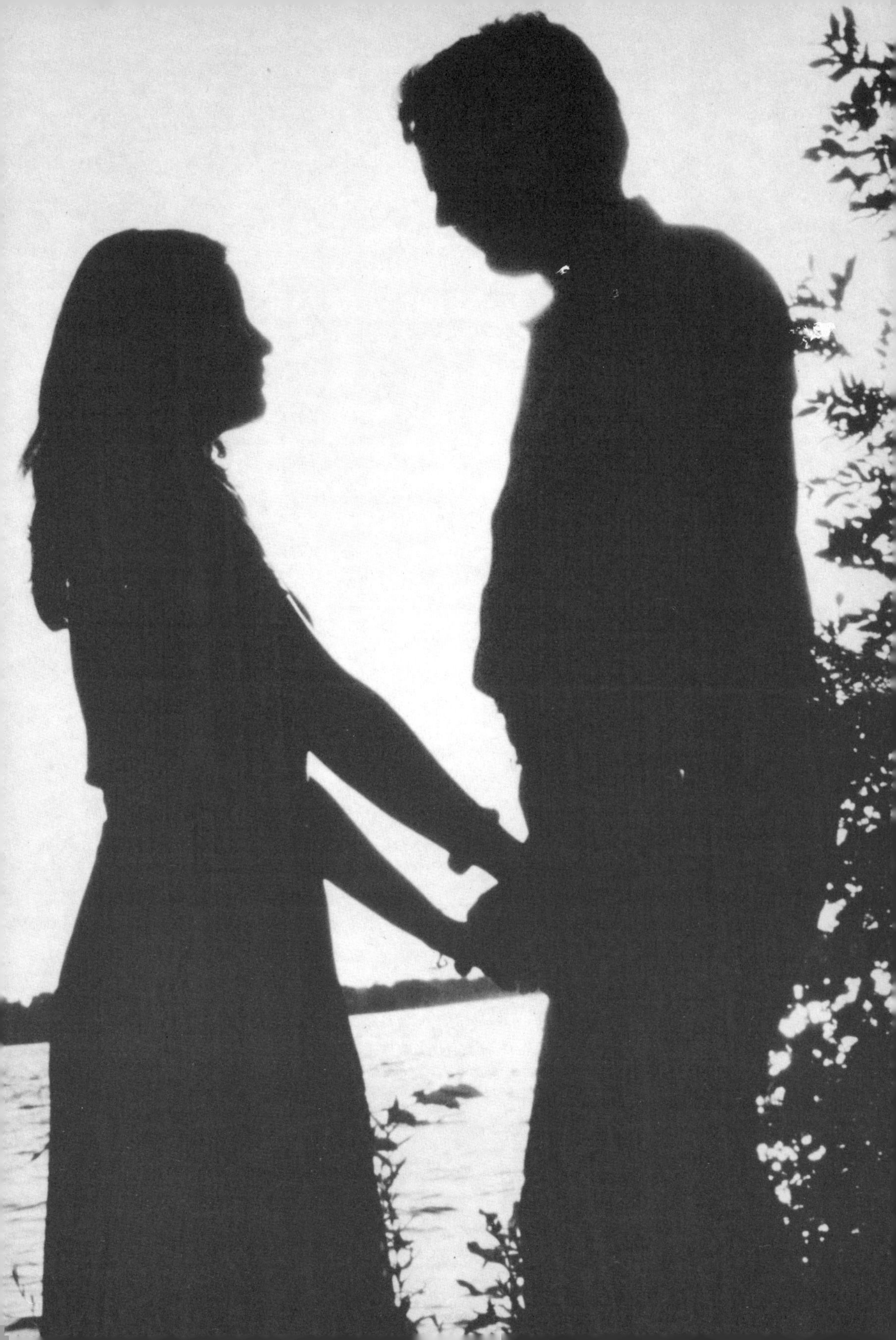

Cambio al mundo al cambiarme a mí mismo

Cuando era joven, era un revolucionario y mi oración a Dios era: "Señor, dame la energía para cambiar el mundo."

Al llegar a los cuarenta y darme cuenta de que la mitad de mi vida se había ido sin que yo hubiese cambiado una sola alma, modifiqué mi oración a: "Señor, dame la gracia para cambiar a todos aquellos con quienes tengo contacto. Solamente mi familia y mis amigos y estaré satisfecho."

Ahora, que ya soy un anciano y mis días están contados, mi única oración es: "Señor, dame la gracia para cambiarme a mí mismo."

Si hubiera orado de esta forma desde el principio, no hubiese desperdiciado mi vida.

Sufi Bayazid

Si el hombre no ha descubierto algo por lo que cree que vale la pena morir, no está hecho para vivir.

Martin Luther King, Jr.

Como ser humano

Como ser humano, lo que más necesitas:

No es desarrollo material, sino desarrollo espiritual.

No es poder intelectual, sino poder moral.

No es tener conocimientos, sino tener carácter.

No es buen gobierno, sino buena cultura.

No son buenas leyes, sino honestidad.

No es pensar en las cosas de la tierra, sino en las del cielo.

Anónimo

No en la primera, sino en la última página de la crónica, es en donde está escrito el nombre verdadero del héroe; y no al comenzar, sino al acabar la jornada, es cuando acaso pueda decir el hombre cómo se llama.

León Felipe

La palabra es el espejo del alma, sutil cuando ama, un trueno cuando odia.

Santos Vergara Badillo

Para ser persona

Para llegar a ser verdaderamente una persona, es necesario que nos hagamos algunas preguntas:

¿Realmente quién soy?

¿Qué soy?

¿Cómo actúo?

¿Con cuánta intensidad y honestidad actúo?

¿Cuál es mi intensidad al querer y amar?

¿De qué y de cuánto me despojo?

¿Soy lo que quiero ser?

¿Sé lo que quieren de mí?

¿Sé recibir y dar?

¿En dónde estoy?

¿Es mi ubicación la adecuada?

¿Por qué tengo problemas?

¿Qué hago para resolverlos?

¿Qué hago para dar a través de un acto de humildad?

Oscar Camino Decores

Al espejo

Cuando obtengas lo que quieres en tu lucha por ganancias, y el mundo te haga rey por un día...

Simplemente ve al espejo, mírate a ti mismo y ve lo que el hombre tiene que decirte.

No se trata de tu padre, madre o esposa por cuyo juicio debes pasar.

El veredicto de quien más cuenta en tu vida es de quien te está mirando en el espejo.

Él es a quien debes satisfacer más que a todos los demás, ya que él está contigo hasta el final.

Y tú habrás pasado tu examen más difícil si el hombre del espejo es tu amigo.

Tú puedes creer que tienes suerte y que eres alguien maravilloso.

Pero el hombre del espejo dice que sólo eres un fanfarrón si no puedes mirarlo a los ojos.

Puedes burlarte de todo el mundo a lo largo de los años y obtener palmadas en la espalda al pasar.

Pero tu premio final serán ataques cardiacos y lágrimas si has engañado al hombre del espejo.

Anónimo

Arrojan su sombra ante sí los que llevan su lámpara sobre las espaldas.

Rabindranath Tagore

Son hombres

Son hombres los que aran su propio surco.

Toda creación es fruto de la libre iniciativa, y llega a su término sostenida por el sentimiento de independencia.

La libre iniciativa permite adelantarse a los demás.

El que se resigna a recorrer caminos consuetudinarios envejece prematuramente y se torna esclavo de la costumbre.

El que no osa leer un nuevo libro, encenderse por un nuevo anhelo, acometer una nueva empresa, ha renunciado a vivir.

Sólo cosechan simpatía los que siembran sus propio entusiasmo. La belleza de vivir hay que descubrirla pronto o no se descubre nunca.

Para el perfeccionamiento humano son inútiles los tímidos que viven rumiando tranquilamente, sin arriesgarse a tentar nuevas experiencias; son los innovadores los únicos eficaces, descubriendo un astro o encendiendo una chispa.

Podrá ser más cómodo no equivocarse nunca que errar muchas veces; pero sirven mejor a la humanidad los hombres que, en su inquietud de renovarse, por acertar una vez aceptan los inconvenientes de equivocarse mil.

José Ingenieros

Si guardas en tu corazón el pesar del ayer y el temor del mañana, ya no verás el infinito y ni aun tu plegaria podrá salvarte.

Voces de Ahaggar

Ser perfecto

Una flor... es perfecta.

Un niño jugando en la arena... es perfecto.

El conjunto de células, tejidos, órganos y sistemas que forman su cuerpo... es perfecto.

El Universo infinito... es perfecto.

¿Será acaso el hombre perfecto?

La perfección tiene dos objetivos: el Amor y la Paz, y una sola meta: Dios.

Ser perfecto es tratar de mejorar al mundo, es saborear los exquisitos momentos de la vida, es tratar de hacer las cosas bien sin perder la paz, es aceptar tranquilamente que eso no es perfecto.

La perfección no es hacer las cosas perfectas... no es ser un excelente hijo, inigualable hermano, increíble alumno, magnífico profesional, maestro o doctor... no es ser excelente amigo, cónyuge, ama de casa, deportista, empresario o ciudadano.

Quizá ser perfecto es comprender que no lo eres.

Vivian Caballero Molina

Más persona serás en cuanto más humano intentes ser.

Anónimo

La orquesta

Cada persona dirige una orquesta en esta vida y yo, en la orquesta de aquellos que admiro, siempre toco segundo violín.

Invariablemente toco el importante, pero poco lucido, acompañamiento.

Por ahora todos estos directores esperan que, al fallar el primer violín, sea yo la que toque la melodía, desde mi asiento de segundo violín.

Pero en cuanto hay audiciones y otro violinista es contratado, nuevamente me entregan la música de acompañamiento, pensando que siempre estaré satisfecha con esto.

Y tendrían razón, yo podría estar satisfecha, si no fuera por mi corazón musical. Mi corazón que se inspira y vuela sobre las alas que le da la melodía.

Yo quiero ser primer violín en la orquesta de algún hombre. Quiero que este director requiera de mí las más altas y hermosas melodías, la melodía eterna.

Y añoro que él, en mi orquesta, sea el primer violín, tocando la melodía más alta y hermosa, la melodía eterna.

Miranda Ortiz de la C.

El dolor se sosiega hasta hacerse paz en mi corazón, como el atardecer entre los árboles silenciosos.

Rabindranath Tagore

Anuncio

Quiero mujer así:

Joven, discreta, no muy alta,
ni flaca, ni bonita;
de todo regular.
No soy poeta.

Que se vista como una castellana:
recatado el escote, falda honesta,
y que luzca altivez de soberana.

Que sepa descoser el alma mía,
volverla de revés, quitarle manchas
y hacer mi vida clara como el día.

Que me perdone todas mis diabluras,
que no acostumbre el cine los domingos
y no quiera estudiar literatura.

Que sepa cocinar y hacer milagros
con el poco dinero que me gano,
pensando en verso y trabajando en prosa.

Y por cima de todo que me tenga,
cuando me mire derrotado y triste,
un amor parecido al de mi madre.

Urgente. Pago bien:
mi vida entera,
mi corazón, mi fe, mis altiveces.

De contado o a plazos.

¡Como quiera!

Miguel Ángel Menéndez

Por fin has llegado

Después de tantos encuentros, de tantas miradas que no eran la del ser que yo buscaba... ahora estás aquí, a mi lado.

¡Por fin has llegado!

Y eres la persona auténtica, sencilla, transparente, llena de sensibilidad y amor que mis sueños afirmaban que existía.

Has logrado traspasar las barreras de lo que se debe "ser" y "tener" para demostrar a los demás que cumples con las características propias de tu sexo y de tu tiempo.

Eres lo suficientemente valiente para poder decir "tengo miedo" o "te amo", y de reír o llorar sin preocuparte por lo que yo o los demás pensemos.

Tienes la capacidad de decirme aquello que me bloquea y de escuchar lo que a ti te obstruye, para nuestro propio crecimiento personal, profesional y espiritual.

Puedes entregarte, lo mismo a tu trabajo que a tu comunidad, a la humanidad o a tu pareja, sin límites, con respeto y sin pensar en lo que obtendrás a cambio.

Y, gracias a las enseñanzas de la vida, has podido encontrarte contigo misma, aprender a perdonar, compartir y saborear cada instante al lado del ser que amas.

Anónimo

La flauta de caña nunca canta mejor que en la soledad del espacio, donde sólo el silencio la escucha. El hombre debe saber enmudecer como el silencio, para escuchar el canto del espacio.

Voces de Ahaggar

¡Hoy voy a romper costumbres!

Quiero hablar de costumbres.

La costumbre de fingir; la costumbre de sentir que el corazón va latiendo, simplemente por costumbre; la costumbre de existir.

La costumbre de despertar; la costumbre de sufrir; la costumbre de ir al trabajo; la costumbre miserable de ir a un lugar por ir.

La costumbre desesperante de seguir viviendo así, costumbre que mata vidas y no deja vivir.

Vivir sólo por costumbre, costumbre de estar aquí, costumbre de tantas cargas que no dejan seguir.

¡Hoy voy a romper costumbres!

Costumbres que no me placen para alcanzar algún fin, costumbres de hacer fingiendo, prefiero mejor morir.

¡Necesito otras costumbres!

La costumbre de reír; reír con el corazón y poder contar latidos que me inviten a seguir.

Amar también necesito; amar como te amo a ti, amar la tibia mañana en vez de desear dormir.

Roberto Gómez Díaz

Me senté en la cima de la montaña para ver el resplandor del cielo; fue cuando me di cuenta de lo pequeño que era.

Santos Vergara Badillo

Mi filosofía

Opto por no ser un hombre común.

Es mi derecho ser un hombre diferente, si puedo.

Busco la oportunidad, no la seguridad.

Rechazaré ser un ciudadano cuidadoso, humilde y aburrido al hacer que mi estado y mi nación vean por mí.

Quiero soñar y construir, fracasar y triunfar; nunca ser un número entre aquellas almas tímidas y débiles que no han conocido ni la victoria ni el fracaso.

Sé que la felicidad puede llegar solamente del interior, a través del trabajo constructivo duro y del pensamiento positivo y sincero.

Sé que los llamados placeres momentáneos no pueden confundirse con un estado de felicidad.

Sé que puedo obtener una medida de satisfacción interna de cualquier trabajo si lo planeo de manera inteligente y lo ejecuto valientemente.

Sé que si pongo cada gota de fuerza que poseo —física, mental y espiritual— en el logro de una tarea valiosa, aunque caiga extenuado por el camino, la Mano Invisible me alcanzará y me levantará.

Sí, quiero vivir peligrosamente, planear mi proceder con base en riesgos calculados, resolver los problemas de cada día para tener paz interior.

Sé que, si sé cómo hacer todo esto, sabré cómo vivir y, si sé como vivir, sabré cómo morir.

H. B. Zachry

Padres e hijos

Al caminar, abres y creas el cauce del río por cuya corriente tus descendientes entrarán y fluirán.

Nikos Kazantzakis

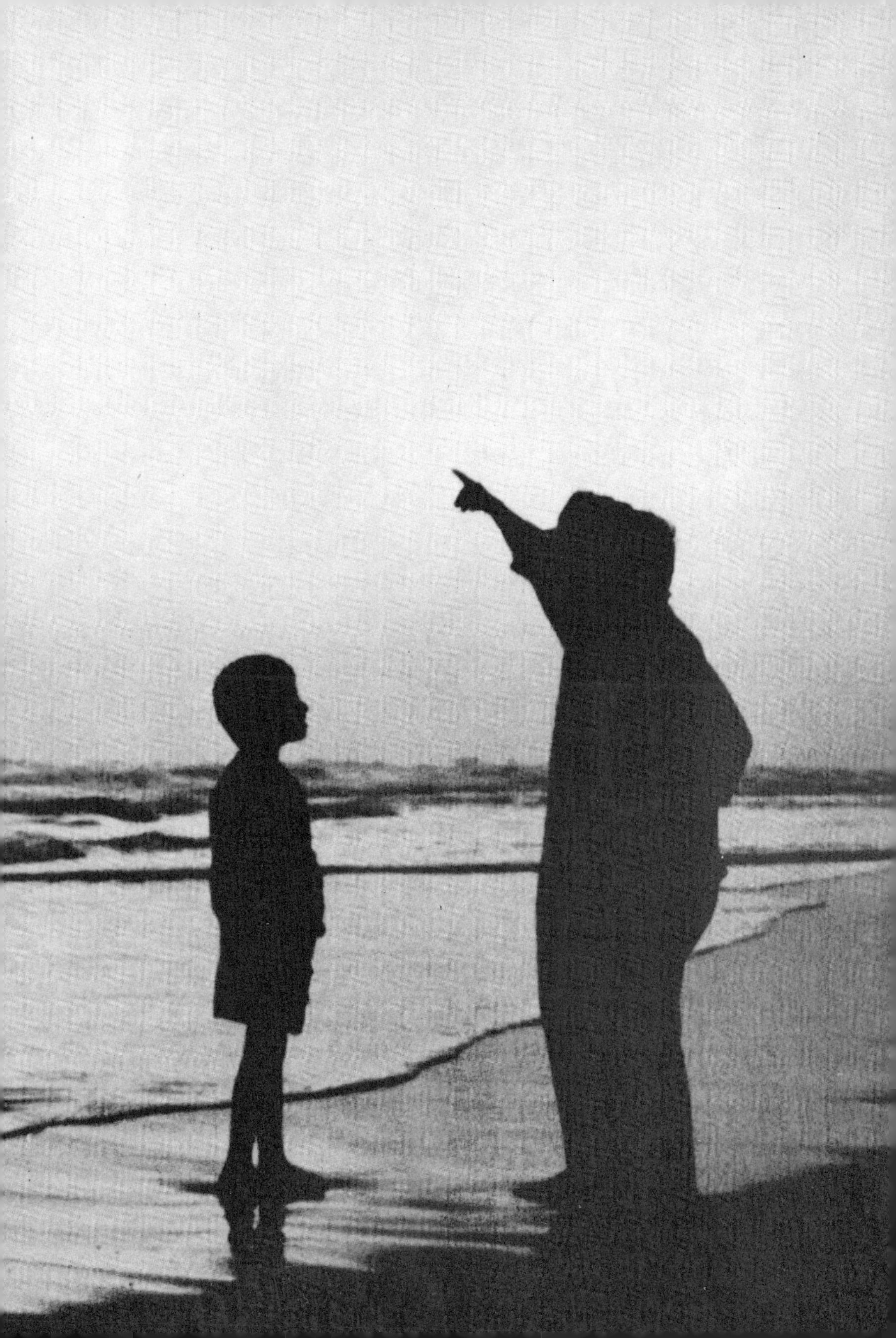

Respeto al niño

El niño necesita libertad: "Más vale un barrendero feliz, que un juez o un gran político infeliz".

Con la mejor voluntad del mundo, la gente es opresora. Lo que suele llamarse respeto es una forma de miedo.

Hay que darle al niño de seis años el mismo respeto que al presidente de la nación. La función que cumple cada uno no tiene importancia. Todos somos necesarios.

El valor fundamental es ser feliz y buscar tu sitio en la vida.

Anthony de Mello

De todas las cosas bellas en el mundo, nada es tan hermoso como un niño cuando da algo. Con cualquier pequeñez que dé, el niño te da el mundo; te abre el mundo como si fuera un libro que nunca habías podido leer. Un niño tiene tan poco para dar, porque nunca sabe que te da todo.

Margaret L. Runbeck

Un viaje de descubrimiento

La primera expresión inteligente de un infante es maravillarse; ésta rápidamente se desarrolla en curiosidad activa, hasta que la vida se convierte en un viaje de descubrimiento sin respiración.

Su posesión es la gran distinción entre la juventud y la madurez.

La juventud es pasado, cuando la sensación de aventura está terminada, cuando en vez de la expectativa sin límites y de la curiosidad que penetra en todas las esquinas de la existencia, un hombre se contenta con tomar las cosas como son, cuando la avidez da paso a la complacencia y se cuestiona el cinismo de la experiencia.

El hombre que carece de curiosidad es el hombre que al final no adquiere nada.

Anónimo

En la vida, causa gran satisfacción abandonar las cosas pequeñas por el bienestar de nuestra familia porque, las grandes, son de la humanidad.

Santos Vergara Badillo

El niño es así

Si el niño quisiera, podría volar ahora mismo al cielo. Pero por algo no se va. ¡Le gusta tanto echar la cabeza en el pecho de su madre, y mirarla y mirarla sin descanso!

El niño sabe una infinidad de palabras maravillosas, aunque son tan pocos los que en este mundo entienden lo que él dice. Pero por algo no quiere hablar. Lo único que quiere es aprender las palabras de su madre. ¡Así pone ese aire tan inocente!

El niño tenía un montón de oro y perlas, y se vino a esta vida sin nada. Pero por algo vino así. ¡Pordioserillo desnudo, que se hace el desvalido para poder pedirle a su madre el tesoro de su afán!

El niño era bien libre en la tierra de la lunita nueva. Pero por algo regaló su libertad. ¡Él sabe la alegría inmensa que cabe en el rincón del corazón de su madre, y cuánto más dulce que la libertad es el ser levantado y estrechado entre sus queridos brazos!

El niño vivía en el mundo de la dicha perfecta y no sabía llorar. Pero por algo eligió las lágrimas.

Porque si con su sonrisa se ganaba el corazón ansioso de su madre, su llanto lo ata a un doble lazo de ternura y amor.

Rabindranath Tagore

El gran reto de la paternidad no estriba en cómo tratar mejor a nuestros hijos, sino en cómo darles un mejor ejemplo.

Carlos Cuauhtémoc Sánchez

Una adolescente

Una adolescente se preparaba para volver a casa después de visitar a sus abuelos durante varias semanas.

Su abuelo le dio doce tarjetas postales:
—Escríbenos una líneas cada mes— le pidió.

Pasaron los meses y las postales no se usaron, hasta que la adolescente recibió esta carta:

Querida nieta:

La vida se compone de una serie de etapas:

Cuando se es niño, se anhela ser adolescente, y esa etapa llega. Cuando se es adolescente, se ansía ser joven, y esa etapa llega. Cuando se es joven, se piensa en conocer a una mujer, enamorarse y casarse, y esa etapa llega.

Cuando se es hombre casado, se anhela ser padre, y esa etapa llega. Cuando se es padre, la ilusión es tener nietos, y esa etapa llega. Cuando se es abuelo, se espera el día en que los nietos aprendan a escribir... pero esa etapa, para mí, aún no llega.

Te quiere, tu abuelo.

Anónimo

La familia es la más antigua de las sociedades, y la única natural.

Anónimo

Insustituible compañera

Hace ya algunos años,
al conocer a la mujer
que quería para madre de mis hijos,
pedí al Cielo que fuera mi pareja.

En la actualidad,
que esa mujer
se ha convertido en gran madre y abuela,
agradezco al Cielo por mi insustituible compañera.

Roger Patrón Luján

Estoy convencido de que el arte de las artes es la convivencia matrimonial, porque es la única disciplina que exige la perfecta coordinación de dos virtuosos en la destreza de dar y perdonar.

Carlos Cuauhtémoc Sánchez

Papá olvida

Escucha hijo: voy a decirte esto mientras duermes, con una manita metida bajo la mejilla y los rubios rizos pegados a tu frente humedecida. Hace unos minutos, mientras leía mi libro en la biblioteca, sentí una ola de remordimiento que me ahogaba. Culpable, vine junto a tu cama.

Pensaba que me enojé contigo. Te regañé cuando te vestías para ir a la escuela, porque apenas te mojaste la cara con una toalla. Te regañé porque no te limpiaste los zapatos. Te grité porque dejaste caer algo al suelo.

Durante el desayuno te llamé la atención también. Volcaste las cosas. Tragaste la comida sin ningún cuidado. Pusiste los codos sobre la mesa. Untaste demasiada mantequilla en el pan. Y cuando te ibas a jugar y yo salía a tomar el coche, te volviste y me saludaste con la mano y me dijiste: "¡Adiós, papacito!"; y yo fruncí el ceño y te respondí:"¡Ten erguidos esos hombros!"

Al caer la tarde todo empezó de nuevo. Al acercarme a casa te vi de rodillas, jugando. Tenías agujeros en los pantalones. Te humillé ante tus amiguitos al hacerte marchar a casa delante de mí: ¡Los pantalones son caros y si tuvieras que comprarlos tú, serías más cuidadoso! Pensar hijo, que un padre diga eso.

¿Recuerdas, más tarde, cuando yo leía en la biblioteca y entraste tímidamente, con una mirada de perseguido? Cuando levanté la vista, impaciente por la interrupción, titubeaste en la puerta. "¿Qué quieres ahora?", te dije bruscamente.

"Nada", respondiste, pero te lanzaste en tempestuosa carrera y me echaste los brazos al cuello y me besaste, y tus bracitos me apretaron con un cariño que Dios había hecho florecer en tu corazón y que ni aun el descuido ajeno pudo extinguir. Y luego te fuiste a dormir con pasitos ruidosos en la escalera.

Bien, hijo, poco después fue cuando se me cayó el libro en el regazo y entró en mí un terrible temor: ¿qué estaba haciendo en mí la costumbre? La costumbre de encontrar defectos, de reprender. Ésta era mi recompensa a ti por ser un niño. No era que yo no te amara, era que esperaba demasiado de ti. Te medía según la vara de mis años maduros.

¡Y hay tanto de bueno y de bello y de recto en tu carácter! Tu corazón es grande como el sol que nace entre las colinas. Así lo demostraste esta noche. Nada más que eso importa esta noche, hijo. He llegado hasta tu cama en la oscuridad y me he arrodillado, lleno de vergüenza.

Es una pobre confesión. Sé que no comprenderías estas cosas si te las dijera cuando estás despierto, pero mañana seré un verdadero papá. Seré tu compañero, sufriré cuando sufras y reiré cuando rías. Me morderé la lengua cuando vaya a pronunciar palabras impacientes. No haré más que decirme, como si fuera un ritual: "No es más que un niño, un niño pequeñito".

Temo haberte imaginado hombre. Pero al verte ahora, hijo, acurrucado, fatigado, veo que eres un bebé todavía. Ayer estabas en los brazos de tu madre, con la cabeza en su hombro.
He pedido demasiado, demasiado.

W. Livingston Larned

Para ser feliz, huye de los honores. Imita al grano de arena que no teme ni al león ni a la pantera.

Voces de Ahaggar

Les presto a uno de mis hijos

El Señor dijo:

Les prestaré a uno de mis hijos durante algún tiempo, para que lo amen mientras viva y lo lloren cuando muera.

Pueden ser seis o siete años, o veintidos o veintitres.

Pero, ¿podrán cuidarlo por mí hasta que Yo lo vuelva a llamar?

Les alegrará con sus encantos, pero su estancia será breve.

Tendrán sus hermosos recuerdos como consuelo para su dolor.

No puedo prometerles que se quedará, ya que todo lo de la tierra regresa.

Sin embargo, hay enseñanzas allá abajo que Yo deseo que aprenda.

He buscado por todo el mundo verdaderos maestros y, de las multitudes que llenan las filas de la vida, Yo los he elegido a ustedes.

Le darán todo su amor sin pensar en lo infructuoso del esfuerzo.

Tampoco me odien en el momento que vaya a llamarlo, a traerlo nuevamente Conmigo.

He creído escucharles decir:

"Querido Señor, hágase tu voluntad. Por toda la alegría que tu hijo traerá, correremos el riesgo del sufrimiento. Lo abrigaremos con ternura, lo amaremos mientras nos lo permitas y, por la felicidad que hemos conocido, siempre te estaremos agradecidos. Pero, si los ángeles lo llaman mucho antes de lo que deseamos, soportaremos la amarga pena y trataremos de entender."

Edgar A. Guest

A mi padre

Gracias, papá, porque me has enseñado a ser hombre. Me has enseñado que ante todos los problemas y adversidades, teniéndolo todo para perder, el darse por vencido nunca es la solución.

Me has enseñado a arriesgar lo poco que se tiene en pos de conseguir algo mejor, dándome ejemplo de no pecar de soberbia si triunfo, y educando mi capacidad de afrontar frustraciones y derrotas sin quejas ni ira al ser vencido.

Me has enseñado que ser humilde es ir a darle la cara a una persona que acaba de humillarte y no devolverle el insulto, sino perdonarla y dejarle las puertas abiertas.

Me has enseñado que en esta vida triunfa el que trasciende, fracase o no. Aquel que logra avanzar poco a poco, pero sin aportar nada a los demás, es un derrotado.

Me has enseñado y corregido inteligentemente en mis momentos de desorientación, me has servido cuando el que debería servirte soy yo.

Has estado presente cuando te he necesitado, en los momentos de felicidad para alentarme y en los momentos de tristeza para consolarme y aconsejarme.

Y a veces me has indicado que yo solo debo resolver mis problemas.

Me has legado una personalidad de servicio y entrega, pues has dejado tus diversiones por darme incluso hasta lo que no tienes.

Me has enseñado a tener sangre fría en los momentos de crisis, y cautela y honor en los momentos grandes. Me has respetado mi individualidad y, más aún, me has enseñado a no cometer tus errores invitándome a seguir tu camino de aciertos.

Pero, más que todo, me has enseñado a ser un hombre fiel, dedicado, responsable y justo. Qué suerte tengo de tener un padre como tú, un amigo, el mejor de todos.

Luis Alberto García G.

Carta a mis hijos

Cada día entiendo menos sus tareas de Química y Matemáticas, con frecuencia yo soy la que pregunta ¿por qué?, y estoy segura de que muy pronto tendré que pararme de puntitas para besarlos.

Hace años, cuando aún eran partículas de vida latiendo dentro de mí, cuando trataba de adivinar su rostro, y su cuerpo empezaba a tomar forma en mis sueños, me preguntaba si sería capaz de responder a la oportunidad que se me ofrecía de que esas pequeñas vidas florecieran en mis manos.

Ahora quiero dejarles un mensaje. Conscientes son de que nada material puedo heredarles. La verdadera riqueza quedará en su mente, en su corazón y en la perfecta maquinaria de su cuerpo sano. Agradezcan diariamente a Dios porque pueden ver, oír, amar y sentir. Y también, porque pueden llorar y fracasar para empezar de nuevo. Agradezcan sobre todo que pueden pensar y actuar, lo que les dará horizontes amplios, brillantes y fecundos.

Fijen sus metas... alcáncenlas y no olviden que tienen el deber de ser felices, porque solamente así podrán dar felicidad a quienes los rodeen. La vida es el tesoro más preciado que poseen, por lo tanto, aprendan a disfrutar momento a momento.

Y algo muy importante, recuerden siempre que no es más feliz el que más tiene, sino el que menos envidia.

Sepan ser siempre ustedes mismos, tanto en el elegante banquete como en la comida sencilla que el amigo ofrece. Aprendan a beber el vino o el agua con la misma alegría, sepan compartir con el rico o el humilde la misma sonrisa.

Regálense tiempo para ustedes; nunca pierdan su capacidad para admirar el brillo de las estrellas en una noche clara, para escuchar el murmullo del riachuelo, para sentir el viento fresco de la mañana sobre su rostro.

Y cuando tengan momentos de duda y tristeza, busquen entre sus recuerdos, que ahí nos encontraremos.

María Consuelo Álvarez

La oración del padre

Ayúdame, Señor, a comprender a mis hijos, a escuchar pacientemente lo que quieren decirme y a responderles todas sus preguntas con amabilidad. Evítame que los interrumpa, que les dispute o contradiga.

Hazme cortés con ellos, para que ellos sean conmigo de igual manera. Dame el valor de confesar mis errores y de pedirles perdón cuando comprenda que he cometido una falta.

Impídeme que lastime los sentimientos de mis hijos. Prohíbeme que me ría de sus errores o que recurra a la afrenta y a la mofa como castigo.

No me permitas que induzca a mis hijos a mentir y a robar. Guíame hora tras hora para que confirme, por lo que digo y hago, que la honestidad es fuente de felicidad. Modera, te ruego, la maldad en mí. Evítame que los incomode y, cuando esté malhumorado, ayúdame, Dios mío, a callarme. Hazme ciego ante los pequeños errores de mis hijos y auxíliame a ver las cosas buenas que ellos hacen.

Ayúdame a tratar a mis hijos como niños de su edad y no me permitas exigirles el juicio y convicciones de los adultos. Facúltame para no robarles la oportunidad de confiar en sí mismos, pensar, escoger o tomar decisiones.

Opónte a que los castigue para satisfacer mi egoísmo. Socórreme para concederles todos los deseos que sean razonables, y apóyame para tener el valor de negarles las comodidades que yo comprendo que les harán daño.

Hazme justo y ecuánime, considerado y sociable para con mis hijos, de tal manera que ellos sientan hacia mí estimación. Hazme digno, Señor, de que sea amado e imitado por mis hijos.

Anónimo

La familia

Enriquece la vida de los integrantes.

Hace el hogar adecuado para la presencia del Invitado Invisible.

Promueve la tolerancia, el entendimiento y la fe.

Ofrece guía a la juventud para darle significado y dirección.

Brinda fuerza contra el sufrimiento, la pena y la frustración.

Ofrece la conciencia de la unidad de la familia con Dios.

Anónimo

El matrimonio es un equipo en el que debe remarse al parejo, so pena de que el barco pierda su rumbo.

Carlos Cuauhtémoc Sánchez

El padre más feliz es aquel que sabe qué recordar del pasado, qué disfrutar del presente y qué planear para el futuro.

Anónimo

Oración de los esposos

Dios, haz de nuestro hogar un sitio de amor.

Que no haya injuria, porque Tú nos comprendes.

Que no haya amargura, porque Tú nos bendices.

Que no haya egoísmo, porque Tú nos alientas.

Que no haya soledad, porque Tú estás con nosotros.

Que cada mañana amanezca un día más de entrega.

Que cada noche nos encuentre con más amor de esposos.

Haz, Dios, de nuestros hijos lo que tú anhelas.

Ayúdanos a educarlos por Tu camino.

Que nos esforcemos en el consuelo mutuo.

Que hagamos del amor un motivo para amarte más.

Y, cuando amanezca el gran día de ir a tu encuentro, nos concedas la ventura de hallarnos unidos para siempre en Ti.

Anónimo

No me gustaría darme cuenta mañana de que he despilfarrado mi existencia por muchos senderos, y que muy poco ha quedado de mi felicidad para ser disfrutada en el hogar.

Santos Vergara Badillo

A mi hijo

No tengo oro ni plata, mas lo que tengo te lo doy.

Hijo, lentamente se aproxima el tiempo en que debo emprender el camino que no tiene regreso y al que no puedo llevarte. Sin embargo, te dejo en un mundo en el que los consejos no salen sobrando.

No todo lo que brilla es oro. He visto caer algunas estrellas del cielo y quebrarse muchos bastones en los cuales uno confiaba para poder sostenerse. Por eso quiero compartir contigo lo que yo encontré y lo que el tiempo me ha enseñado.

Nada es grande si no es bueno, y nada es verídico si no perdura. No te dejes engañar por la idea de que puedes aconsejarte solo y que conoces el camino por ti mismo. Este mundo material es para el hombre demasiado poco, y al mundo invisible no lo percibe, no lo conoce. Ahórrate esfuerzos vanos, no te aflijas y ten conciencia de ti mismo.

Considérate demasiado bueno para obrar mal. No entregues tu corazón a cosas perversas. La verdad no es gobernada por nosotros, sino que nosotros debemos ajustarnos a ella; ve lo que puedas ver y para ello usa tus propios ojos.

Y con respecto a lo invisible y eterno, atente a la palabra de Dios. Dentro de nosotros vive el juez que no engaña, y cuya voz es más importante que el aplauso de todo el mundo y la sabiduría de los griegos y egipcios.

Hazte el propósito de no actuar contra su voz y, si algo piensas o intentas hacer, póntelo primero en la mente y pídele consejo a tu juez interno. Al principio él hablará únicamente en forma muy suave, balbuceando como criatura inocente; sin embargo, si honras su inocencia soltará su lengua y te hablará en forma más perceptible.

Aprende con gusto de los demás y escucha con atención donde se hable de sabiduría, dicha humana, luz, libertad, virtud, pero no confíes inmediatamente en todo, porque no todas las nieves llevan agua y existen diversos caminos.

Hay quienes creen que dominan una materia porque hablan de ella, pero no es así. No se tienen las cosas por poder hablar de ellas, las palabras sólo palabras son. Y ten cuidado cuando fluyan en forma demasiado suave y ligera, pues los caballos cuyos carros están cargados de mercadería avanzan con pasos más lentos.

Nada esperes del trajín ni de los trajinantes, y pásate de largo donde haya escándalo callejero. Si alguien quiere enseñarte sabiduría, mírale a la cara. Si lo vez enorgullecido, déjalo, y no hagas caso de sus enseñanzas por más famoso que sea.

Lo que uno no tiene no lo puede dar, y no es libre aquel que puede hacer lo que quiere, sino quien puede hacer lo que debe hacer. Y no es sabio el que cree que sabe, sino aquel que se percató de su ignorancia y logró sobreponerse a la vanidad.

Piensa con frecuencia en cosas sagradas y ten la seguridad de que ello te traerá ventajas; será como la levadura que fermenta la masa del pan. No desprecies religión alguna puesto que están consagradas al espíritu, y tú no sabes lo que pudiera estar oculto bajo apariencias insignificantes. Desdeñar algo es fácil, pero es mucho mejor comprenderlo.

No instruyas a otros hasta que tú seas instruido; acógete a la verdad si puedes y gustosamente permite que te odien a causa de ella. Sabe, sin embargo, que si tus cosas no son cosas de verdad, cuida de no confundirlas, puesto que de ser así vendrán sobre ti las consecuencias.

Simplemente haz el bien y no te preocupes por lo que de ello resulte; quiere sólo una cosa y a ésa quiérela de corazón. Obedece a la autoridad y deja que los otros discutan. Sé recto con todo el mundo, pero no te confíes fácilmente; sé correcto pero confíate difícilmente; no te mezcles en asuntos ajenos y los tuyos arréglalos con diligencia; no adules a persona alguna y no te dejes adular.

Honra a cada quien según su rango, y deja que se avergüencen si no lo merecen. No quedes debiéndole a persona alguna pero sé afable, como si todos fueran tus acreedores; no quieras ser siempre generoso, pero procura ser siempre justo.

A nadie debes sacar canas; sin embargo, cuando obres con justicia, no te preocupes por ellas. Si tienes algo, ayuda y da con gusto y no por ello te creas superior. Y si nada tienes, ten a mano un trago de agua fresca y no por ello te creas menos.

No lastimes a ninguna muchacha y piensa que tu madre también lo fue. No digas todo lo que sabes, pero siempre debes saber lo que dices. No te apoyes en algún grande, ni te sientes donde se sientan los burlones, porque ellos son los más miserables de todas las criaturas; respeta y sigue a los hombres más piadosos, no a los santurrones.

Haz lo que merezca recompensa, pero no pretendas obtenerla; si tienes necesidades, quéjate ante ti mismo y ante nadie más. Ten siempre algo bueno en tu mente; cuando yo muera, ciérrame los ojos y no me llores, ayuda y honra a tu madre mientras viva, y entiérrala junto a mí.

Matías Claudius

Un padre mantiene a diez hijos, pero diez hijos no mantienen a un padre.
Anónimo

Carta a mi hijo

Qué duro es para mí, hijo, exigirte virtudes donde se carece de todo, pero tu padre es un hombre común y corriente, hecho, como todos los hombres, de debilidad, pero lleno de ansiedad de hacer de ti un hombre de provecho.

Detrás de las casuchas en que habitamos veo para ti un amplio horizonte donde la vida es noble, donde el hombre aprende a convivir con sus semejantes, donde hay ríos cristalinos, aguas y praderas llenas de verdor.

Estudia y aprende; a nosotros se nos exige más pero, entre más obstáculos haya en el camino, más legítima es la victoria.

Sé noble y sé justo con la nobleza franca, y ama al hombre que sabe amar al prójimo.

Aprende a ser libre. De nada sirve posición económica y sabiduría si se pierde la libertad. Defiéndela con tu vida si es preciso, nuestra victoria está llena de hechos heroicos, de hombres que ofrecieron su vida antes que aceptar ser esclavos.

Y nunca claudiques; vale más ser libre un minuto que toda una vida de esclavo.

Ten presentes mis palabras y mañana, cuando tú seas hombre y yo quizá haya muerto, no olvides lo que tu padre te dijo un día, cuando eras niño.

Octavio Castillo Ortiz

La obra más trascendente del hombre de bien radica en sus hijos.

Roger Patrón Luján

Media cobija

Don Roque era ya un anciano cuando murió su esposa. Durante largos años había trabajado con ahínco para sacar adelante a su familia.

Su mayor deseo era ver a su hijo convertido en un hombre de bien, respetado por los demás, ya que para lograrlo dedicó su vida y su escasa fortuna.

A los setenta años, Don Roque se encontraba sin fuerzas, sin esperanzas, solo y lleno de recuerdos.

Esperaba que su hijo, ahora brillante profesional, le ofreciera su apoyo y comprensión, pero veía pasar los días sin que éste apareciera, y decidió por primera vez en su vida pedirle un favor.

Don Roque tocó la puerta de la casa donde vivía el hijo con su familia.

—¡Hola papá! ¡Qué milagro que vienes por aquí!

—Ya sabes que no me gusta molestarte, pero me siento muy solo; además estoy cansado y viejo.

—Pues a nosotros nos da mucho gusto que vengas a visitarnos, ya sabes que *ésta es tu casa*.

—Gracias, hijo, sabía que podía contar contigo, pero temía ser un estorbo. Entonces, ¿no te molestaría que me quedara a vivir con ustedes? ¡Me siento tan solo!

—¿Quedarte a vivir aquí? Sí... claro... pero no sé si estarías a gusto. Tú sabes, la casa es chica... mi esposa es muy especial... y luego los niños...

—Mira, hijo, si te causo muchas molestias olvídalo. No te preocupes por mí, alguien me tenderá la mano.

—No padre, no es eso. Sólo que... no se me ocurre dónde podrías dormir. No puedo sacar a nadie de su cuarto, mis hijos no me lo perdonarían... o sólo que no te moleste...

—¿Qué?

—Dormir en el patio...

—Dormir en el patio está bien.

El hijo de Don Roque llamó a su hijo Luis, de doce años.

—Dime papá.

—Mira, hijo, tu abuelo se quedará a vivir con nosotros. Tráele una cobija para que se tape en la noche.

—Sí, con gusto... ¿y dónde va a dormir?

—En el patio, no quiere que nos incomodemos por su culpa.

Luis subió por la cobija, tomó unas tijeras y la cortó en dos. En ese momento llegó su padre.

—¿Qué haces Luis? ¿Por qué cortas la manta de tu abuelo?

—Sabes papá, estaba pensando...

—¿Pensando en qué?

—En guardar la mitad de la cobija para cuando tú seas ya viejo y vayas a vivir a mi casa.

Anónimo

La educación y la vida

Nunca consideres el estudio como un deber, sino como una oportunidad para penetrar en el maravilloso mundo del saber.

Albert Einstein

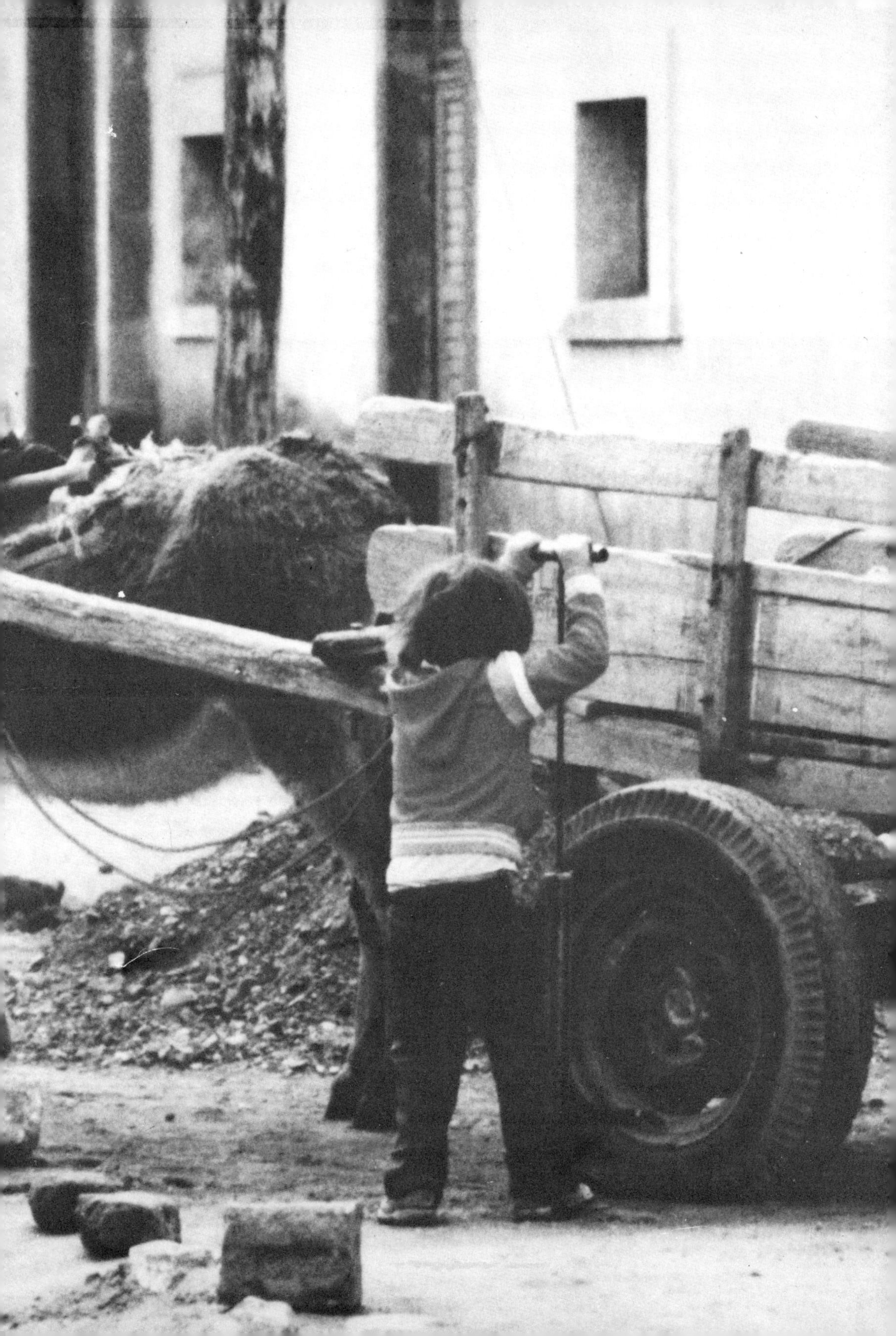

Amigo de la verdad

Los dos filósofos más egregios de la antigüedad, Platón y Aristóteles, eran respectivamente maestro y discípulo.

Pero, a pesar de tan estrecha relación, cuentan que se llevaban francamente mal, lo cual se explica fácilmente desde la distinta idea del mundo que ambos defendían.

Aristóteles, como más joven, y por tanto más apasionado, era quien mostraba más el disgusto por la doctrina de su maestro y rival.

Un día, los condiscípulos le reprocharon su actitud, preguntándole por qué no era amigo de Platón, que tanto interés mostraba por él.

—Soy amigo de Platón —replicó— pero más de la verdad.

José María Lorca

La perfección se alcanza no cuando ya no hay nada que añadir, sino cuando ya no hay nada que suprimir.

Antoine de Saint-Exupéry

Un maestro

El maestro es un profeta, por cuanto que pone los cimientos del mañana.

También es un artista, por cuanto que la arcilla con que trabaja es el material precioso de la personalidad humana.

Es un amigo, porque su corazón responde a la fe y a la confianza que en él han depositado sus alumnos.

Es ante todo un ciudadano, ya que su obra estriba en mejorar la sociedad con su enseñanza y su ejemplo.

Es un pionero, porque siempre está intentando lo imposible. Y lo más curioso del caso es que siempre gana.

Es un creyente; todos su actos se refieren a la fe en el mejoramiento constante de la mente, las facultades y la capacidad de la raza humana.

Quizá tú no tengas ni la vocación ni las cualidades para llegar a ser un maestro pero, no te preocupes, hay otras maneras para ayudar a nuestro prójimo y mejorar en la medida de lo posible sus condiciones, ya que eso no está necesariamente reservado sólo a los maestros.

Anima a tus semejantes a que hagan uso de los talentos que Dios les ha dado para que sirvan para el bien y la prosperidad general.

"Teniendo cada quien dones que difieren entre sí", dice la Biblia, "de acuerdo con la gracia que Dios nos ha dado, usémoslos".

Joy E. Morgan

Comida gratis

Cierto día, una pequeña flotilla camaronera decidió usar un solo lugar como su base de operaciones.

Las gaviotas entonces tuvieron a su alcance una buena dotación de desperdicios de camarón.

Toda la comida que las aves pudieran comer la tenían justo frente a su pico.

Durante tres años, las gaviotas se deleitaron.

Pero, un buen día, los barcos camaroneros abandonaron el lugar y la comida gratis para las gaviotas se terminó.

Días después, las gaviotas volaron sobre la bahía, aturdiendo con su gritería, perplejas y coléricas por haber perdido su acostumbrada comida.

Conforme pasaban los días, empezaron a morir por inanición.

Las aves pudieron haber sobrevivido si hubieran hecho resurgir sus viejos hábitos de cacería, pero el largo periodo de *comida gratis* había atrofiado su instinto por esforzarse en obtener su alimento.

Anónimo

No puedes recoger lo que no plantaste.

Manu-Smrti

En la naturaleza, no hay castigos ni premios, sólo consecuencias.

Sabiduría china

Quiero

La palabra *quiero* está en los labios de casi todo el mundo, en el corazón de bastantes, pero en la voluntad de muy pocos.

Aunque parezca extraño, donde la palabra *quiero* se encuentra menos es en la voluntad libre de los hombres.

En la práctica, solemos confundir mucho el querer y el desear. En realidad, sólo deseamos las cosas, muy pocas veces las queremos.

Querer algo de verdad es quererlo, cueste lo que cueste; es tomar un camino de decisión y de compromiso en la vida. Y un camino así es duro y nos espanta a la mayoría.

Querer, con la voluntad, es tomar la vida en serio. Y porque hay muy pocos que quieren tomar la vida en serio, hay muy pocos que quieren de verdad algo.

Por eso encontrarás tan poca competencia si quieres llegar a la cumbre y andar por el camino de la perfección.

Y por eso verás a tantos que en la vida se contentan con sentarse a mitad de ruta para contemplar cómodamente el paisaje.

Todos deberíamos preguntarnos muchas veces:

Cuando uso la palabra *quiero*, ¿la pronuncio con los labios, con el corazón o con la voluntad?

Jean Baptiste Lacordaire

En vez de amor, dinero o fama, dame la verdad.

Henry David Thoreau

Filósofo

Viajero:

—¿Cómo estará el clima en este día?

Pastor:

—Como el clima que a mí me gusta.

Viajero:

—¿Cómo sabe que será el clima que a usted le gusta?

Pastor:

—Habiendo descubierto que no siempre puedo tener lo que a mí me gusta, he aprendido a gustar siempre de lo que obtengo. Por ello es que estoy seguro que tendremos el clima que a mí me gusta.

Anthony de Mello

Si has tomado el camino equivocado, no sientas lástima por ti mismo; ¡da la vuelta!
Anónimo

Ves cosas y dices: "¿por qué?" Pero yo sueño cosas que nunca fueron y digo: "¿por qué no?"
George Bernard Shaw

No sigas el camino; ve por donde no haya vereda y deja una huella.
Anónimo

Afrontar la realidad

Que el pensamiento en el futuro no te impida vivir el presente.

Importa tanto mirar al cielo, vivir ilusionado, como no perder el sentido de la realidad.

Un astrónomo acostumbraba salir de noche para observar las estrellas pero, una vez, cuando estaba absorto ante el espectáculo del firmamento, no miró dónde ponía los pies y acabó en una zanja.

Uno que pasaba oyó sus gritos y corrió a sacarlo.

—¿Cómo quieres descubrir lo que hay en el cielo si no eres capaz de ver ni lo que tienes ante tus narices?

Igual hacen muchos por seguir sus ensoñaciones; son incapaces de afrontar la realidad.

José María Lorca

Llevar una vida amargada lo puede cualquiera, pero amargarse la vida a propósito es un arte que se aprende.

Paul Watzlawick

El que no sabe y no sabe es un necio; apártate de él.
El que no sabe, y sabe que no sabe, es sencillo; instrúyelo.
El que sabe, y no sabe que sabe, está dormido; despiértalo.
El que sabe, y sabe que sabe, es sabio; síguelo.

Sabiduría popular árabe

Si

Si para recobrar lo recobrado
tuve que haber perdido lo perdido,
si para conseguir lo conseguido
tuve que soportar lo soportado.

Si para estar ahora enamorada
fue menester haber estado herida,
tengo por bien sufrido, lo sufrido,
tengo por bien llorado, lo llorado.

Porque después de todo he comprendido
que no se goza bien de lo gozado,
sino después de haberlo padecido.

Porque después de todo he comprobado
que lo que tiene el árbol de florido,
vive de lo que tiene sepultado.

Santa Teresa de Ávila

*Si piensas más en ti
que en los demás...
te aíslas;*

*si piensas más en los demás
que en ti mismo...
te enajenas;*

*si piensas en ti
como en los demás...
te integras.*

Stefano Tanasescu Morelli

Siete pecados capitales

Riqueza sin trabajo.

Placer sin conciencia.

Conocimiento sin carácter.

Negocios sin moral.

Ciencia sin amor a la humanidad.

Religiosidad sin sacrificios y...

Política sin principios.

Mahatma Gandhi

A menudo una prueba de valor no consiste en morir, sino en vivir.

Vittorio Alfieri

No pretendas que las cosas ocurran como tú quieres. Desea, más bien, que se produzcan tal como se producen y serás feliz.

Anónimo

La verdadera meta

Señálate metas elevadas, esfuérzate por alcanzarlas, empéñate por lograr rápida y correctamente lo que ambicionas.

Sueña con ello, vive para ello, lucha por ello.

Sé constante y fiel a ti mismo y, tan seguro como hay estrellas en el cielo, llegarás a tiempo a la verdadera meta de la vida.

Herman Hitz

La confianza no consiste simplemente en esperar con fe el auxilio del otro, sino en saber, a ciencia cierta, que el otro espera y necesita nuestro auxilio.

Manuel García Morente

Muchas veces me he arrepentido de haber hablado; pero, de haber callado, nunca.

Jenócrates

El medio más seguro de hacerse amar de todos es no amarse demasiado a sí mismo.

Anónimo

Recursos internos

Saber cómo se comportan otras personas requiere inteligencia, pero conocerme a mí mismo requiere sabiduría.

Manejar la vida de otras personas requiere fortaleza, pero manejar mi propia vida requiere poder verdadero.

Si estoy contento con lo que tengo, puedo vivir con sencillez y gozar, al mismo tiempo, la prosperidad y el tiempo libre.

Si mis metas son claras, puedo alcanzarlas sin nerviosismo.

Si estoy en paz conmigo mismo, no gastaré mi fuerza vital en conflictos.

Si he aprendido a dejar ir, no necesito temer el morir.

Lao-Tsé

Debemos escuchar, por lo menos, una pequeña canción cada día, leer un buen poema, ver una pintura de primera y, si es posible, hablar algunas palabras sensatas.

Johann Wolfgang Goethe

Con frecuencia, bajo un traje sucio se esconde una gran sabiduría.

Marco Tulio Cicerón

La vida es...

La vida es una carrera.

> No llores si la pista es áspera y la meta distante. Un día la alcanzarás.

La vida es un viaje.

> No reclames si las tormentas golpean el casco de la nave o los vientos desgarran las velas. Un día llegarás a tu cielo.

La vida es crecimiento.

> No encuentres fallas si la semilla permanece sumergida en la tierra oscura antes de que crezca y floree. Un día tendrás tu cosecha.

La vida es una peregrinación.

> No titubees en el camino con autocompasión porque las piedras cortan tus pies y dejas la sangre en el camino. Un día llegarás a la tierra de Dios.

Joseph R. Sizoo

Cuando llegue a esa puerta,
cuando encuentre esa agua,
cuando llene ese cántaro,
cuando riegue este mundo,
cuando apague esta sed,
me sentaré.

Rabindranath Tagore

Lo que dice el árbol

Yo soy el calor de tu hogar en las noches de invierno, largas y frías.

Yo soy la sombra amiga que te protege contra el sol del estío.

Mis frutos sacian tu hambre y calman tu sed.

Soy la viga que soporta el techo de tu casa.

Soy las tablas de tu mesa, la cama en que descansas.

Soy el mango de tus herramientas, la puerta de tu casa.

Cuando naces, tengo madera para tu cuna, cuando mueres te acompaño al seno de la tierra.

Si me amas como lo merezco, defiéndeme contra los insensatos.

Leyenda en un arco en León, Guanajuato

No es la carga la que nos vence, sino la forma como la acarreamos.

Anónimo

Yo

Soy...	el poder de autoconocimiento.
Pienso...	el poder de investigar.
Sé...	el poder de conocer los hechos.
Siento...	el poder de apreciar el valor del amor.
Cuestiono...	el espíritu de reverencia, curiosidad y adoración.
Veo...	el poder del interior, la imaginación y la visión.
Creo...	en el poder de la fe aventurera.
Puedo...	el poder de actuar y la habilidad de lograr.
Debo... imperativa.	el poder de conciencia, la moral
Sirvo...	el poder de ser útil, devoción a una causa.

George W. Fiske

Para hacer que una lámpara esté siempre encendida, debemos no dejar de ponerle aceite.

Madre Teresa de Calcuta

¿Por qué preocuparse?

De lo que te preocupas:

> 40% nunca sucede, la ansiedad es el resultado de una mente cansada.
>
> 30% se refiere a decisiones anteriores que ya no pueden alterarse.
>
> 12% se centra en críticas, la mayoría falsas, hechas por gente que se siente inferior.
>
> 10% está relacionado con tu salud, la cual empeora al preocuparte.

Y solamente:

> 8% es "legítimo", lo que muestra que la vida no tiene grandes problemas reales, y los podrás enfrentar en el momento que elimines todas las preocupaciones sin sentido.

Anónimo

Aun las noches más desprovistas de estrellas pueden anunciar la aurora de un gran acontecimiento.

Martin Luther King, Jr.

No podemos evitar las pasiones, pero sí podemos vencerlas.

Séneca

¿Eres apto para vivir?

No es tanto en dónde vives, sino cómo, por qué y cuándo vives.

La pregunta es:

¿Eres apto para vivir?

No es tanto en dónde vives, sino cómo vives, y si el bien fluye de ti a través de tu vecindad.

Y por qué vives, y si persigues fines altos y nobles, y si mantienes tu vida rebosante, llena y verdadera.

No es tanto en dónde vives sino que, mientras vivas, tú vives y das al mundo lo más supremo.

Si tu respuesta es positiva, entonces eres apto para vivir.

John Oxenham

A menudo considero que nuestra vida está llena de serendipia; o sea que encontramos cosas valiosas, y que nos llenan de gozo, sin haberlas buscado.

Roger Patrón Luján

El hombre ha llegado a controlar otras formas de vida porque él ha tomado más tiempo para crecer; cuando transcurra aún más tiempo y pase su tiempo más sabiamente, puede aprender a controlarse y rehacerse a sí mismo.

William James Durant

El trabajo

Una vida inútil es una muerte prematura.

Johann Wolfgang Goethe

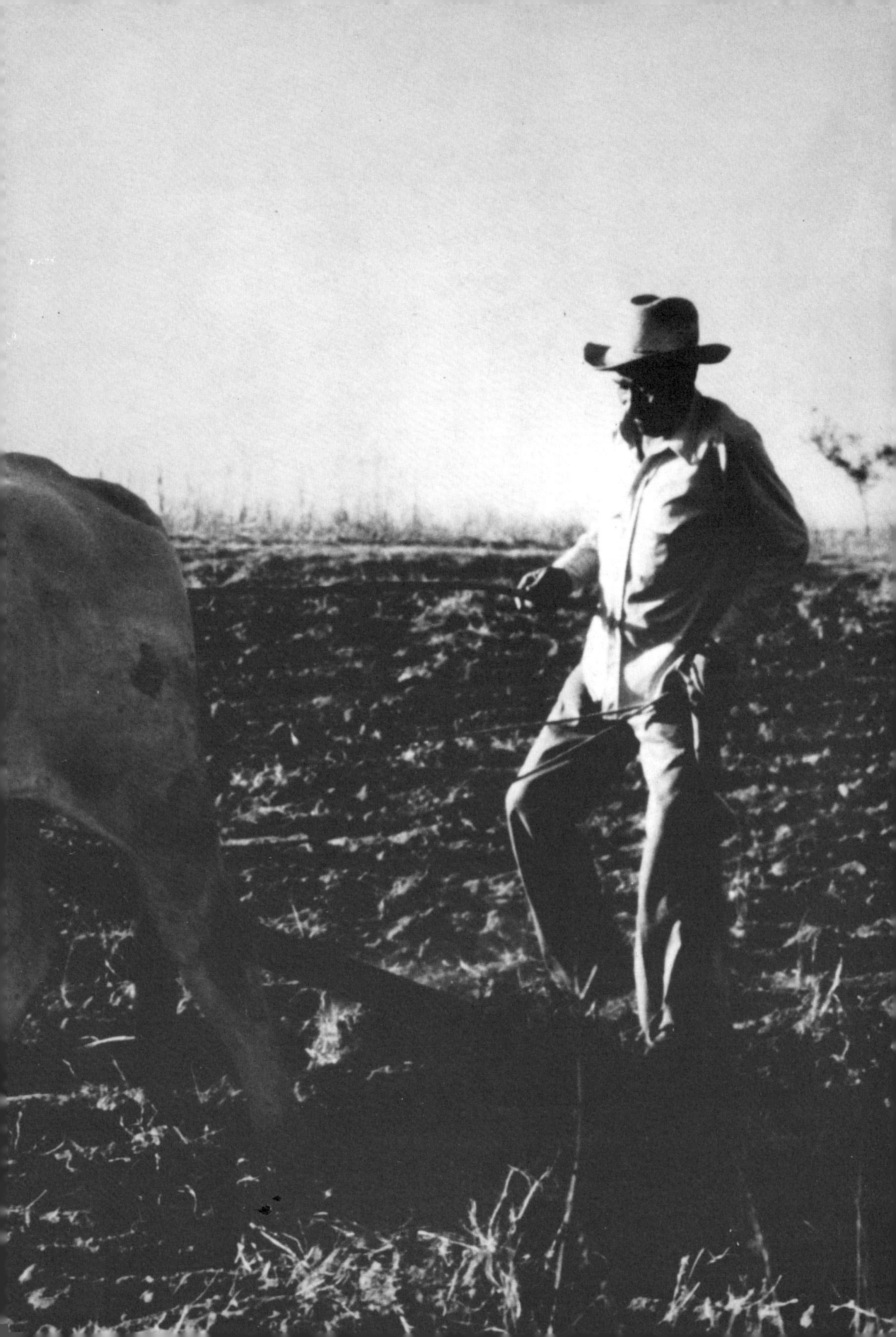

Doce cosas que recordar

El valor del tiempo.

El éxito de la perseverancia.

El placer de trabajar.

La dignidad de la sencillez.

El valor del carácter.

El poder de la amabilidad.

La influencia del ejemplo.

La obligación del deber.

La sabiduría de la economía.

La virtud de la paciencia.

El mejoramiento del talento.

La alegría de la iniciativa.

Anónimo

Hasta el pájaro carpintero debe su éxito al hecho de usar su cabeza y seguir picoteando hasta terminar el trabajo que ha comenzado.

Coleman Cox

Si aprendemos a hacer las cosas bien la primera vez, sucederán dos cosas: trabajaremos menos y complaceremos a quien servimos.

Roger Patrón Luján

Hacer menos y ser más

Maneja un grupo honesto y abierto. Tu trabajo es facilitar e iluminar lo que está aconteciendo.

Interfiere tan poco como sea posible. La interferencia, aun brillante, crea una dependencia en el líder.

Entre menos reglas, mejor. Las reglas reducen la libertad y la responsabilidad. Imponer reglas es coercitivo y manipulativo, lo que disminuye la espontaneidad y absorbe la energía del grupo.

El líder sabio establece un clima claro y total en la sala de juntas. Bajo la luz de la conciencia, el grupo actúa naturalmente y de una manera completa.

> Cuando el líder practica el silencio, el grupo permanece atento.
>
> Cuando el líder no impone reglas, el grupo descubre su propio bien.
>
> Cuando el líder actúa sin egoísmo, el grupo simplemente hace lo que debe hacerse.

El buen liderazgo consiste en hacer menos y ser más.

Tao-Te Ching

Servir, tanto al ejercer la autoridad como al obedecer, es reinar.

Pedro Maus

No ames lo que eres, sino lo que puedes llegar a ser.

Miguel de Cervantes Saavedra

Ser patrono

El patrono es una persona que se considera un sujeto transformador de su entorno; se niega a ser objeto de las circunstancias.

Ha probado la libertad y ha aprendido a construir sus propios caminos. Se sabe responsable de su sociedad y se compromete con ella para heredar a sus hijos un mundo mejor.

Un patrono es un líder que suma esfuerzos, que une voluntades, que genera riqueza y que siembra cambios.

Que vive el precepto bíblico de: *más bienaventurado es el que da que el que recibe*, y tiene la humildad y el gusto de pedir para otros.

Un patrono es quien tiene la capacidad de hacer a un lado sus problemas personales para escuchar los problemas de los demás.

Es un triunfador que no se olvida de sus raíces; por eso tiene la vocación de servir y entender a su prójimo.

Y sabe que la vida sólo tiene sentido si hace del servicio a los demás un proyecto de vida.

Un patrono es fuerte como un roble, débil como un niño.

El hombre que tiene la capacidad de separar el sentimiento del intelecto, lo cual le permite ser líder, es el líder en quien otros se cobijan.

Anónimo

Aquel que cada mañana planea sus actividades del día, y sigue ese plan, lleva un hilo que lo guiará por el laberinto de la vida más ocupada.

Víctor Hugo

Razones del empresario

Un joven, hijo de un exitoso empresario, cuestionaba constante y duramente a su padre. Le reprochaba continuamente el olvido en que lo tenía por atender su empresa.

El empresario esperó el momento adecuado y habló con su hijo:

> Quiero que sepas, hijo, que entiendo tu actitud. Ciertamente no he estado contigo todo el tiempo deseado, por estar en la empresa. Pero, ¿sabes?, la empresa para mí es el camino a través del cual un hombre crea, se esfuerza, se fija metas, puede realizarse y sentirse útil... La empresa es la extensión de uno mismo.
>
> Además, no puedo ni debo ignorar que los empleados, los obreros y su familia dependen de la empresa. Tengo un compromiso con todos ellos.
>
> El dinero que gano con la empresa no sólo me permite sostener a la familia; con ese medio es posible luchar a favor de nuestros ideales, de una sociedad más libre y próspera.
>
> Claro que todo esto no justifica el alejamiento que he tenido de ti y de tu mundo. Permíteme que te tome de la mano y te muestre lo que es la vida de un empresario; que compartas conmigo los problemas, los privilegios y la enorme responsabilidad que implica esta profesión.
>
> Así, el día de mañana escogerás tu propio camino.
>
> No quiero cometer el mismo error de tantos solitarios hombres de negocios, que no fueron capaces de heredar a sus hijos sus ideales y valores humanos y espirituales, conformándose tan sólo con darles dinero, que muchas veces se convierte en un instrumento para su propia destrucción.

Anónimo

Trabajo y alegría

¿Por qué tendemos a desunir el trabajo y la alegría?

Nuestro día de labor no suele ser nuestro día de júbilo; por lo tanto queremos un día de descanso porque, desdichados como somos, no podemos advertir que nuestra fiesta puede estar en nuestro trabajo.

El río encuentra su placer al fluir hacia adelante; el fuego lo encuentra en la irrupción de su llama; la esencia de la flor lo ve en la purificación de la atmósfera; pero, en nuestro trabajo de todos los días, no hay para nosotros tal placer.

Y el trabajo nos abruma porque no nos abandonamos, porque no nos entregamos a la tarea gozosamente y por completo.

Dondequiera que los campesinos labran la dura tierra emerge la alegría en el verdor de los maizales; dondequiera que el hombre desaloja la enmarañada selva y suaviza el pedregal, y se proporciona espacio para construir su hogar, allí la alegría lo envuelve en el orden y la paz.

Rabindranath Tagore

Por encima del poder terreno, nuestra inteligencia es el único amo que nos deja en libertad.

Santos Vergara Badillo

El viaje de mil millas empieza con el primer paso.

Lao-Tsé

Todo el mundo se equivoca

Los que triunfan no son los que no se equivocan, sino los que aprenden de sus errores; cometer errores es casi la única manera de aprender algo.

Un niño nunca aprende a conocer que la estufa está caliente hasta que se quema los dedos en ella.

Los que fracasan son aquellos que se desaniman por sus errores.

De nada sirve desesperarnos o llorar.

Progresamos sencillamente por vigilar nuestros errores y corregirlos.

Andar no es nada más que una sucesión de caídas.

Si caemos, caigamos hacia adelante; después levantémonos y probemos otra vez.

Frank Crane

No nos traigas problemas, sino razones para vivir.

Juan Pablo II

Jamás debemos lamentarnos de lo que pudo haber sido. El pasado que no sucedió está tan oculto para nosotros como el futuro que aún estamos por ver.

Richard M. Stern

Palabras de un reloj

Trabajo más que cualquier mortal, pero más fácilmente porque lo hago segundo a segundo.

Tengo que hacer miles de tic-tacs para formar un día, pero dispongo de un segundo para hacer cada uno de ellos.

No los quiero hacer todos a la vez.

Nunca me preocupo de lo que hice ayer, ni de lo que tendré que hacer mañana. Mi ocupación es de hoy, aquí y ahora.

Sé que si hago lo de hoy bien, no tendré que molestarme por el pasado ni preocuparme por el futuro.

Tú que eres persona, si quieres vivir tan tranquilo y tan feliz como yo, no trates de vivir toda tu vida, ni echarte todo el peso de tu trabajo en un solo día.

Vive ahora.

Haz el trabajo de cada día en su día.

Te convencerás de que, si se toma tiempo, siempre hay tiempo para todo.

Hay un modo difícil y un modo fácil de hacer el trabajo que tiene que hacerse.

Si quieres encontrar el modo fácil, mírame.

Nunca me preocupo, nunca me apresuro; pero nunca me retraso.

Lo que tengo que hacer lo hago. ¡Es éste el secreto!

Anónimo

Eficiencia

Es hacer las cosas, no desear poder hacerlas, soñar con ellas o pensar si uno será capaz de llevarlas a cabo.

Es aprender cómo hacer las cosas haciéndolas, tal como se aprende a caminar caminando o a vender vendiendo.

Es la aplicación de la teoría a la práctica.

Es la eliminación de la debilidad, del temor y del desaliento.

Es la mano de hierro en el guante de terciopelo.

Es estar alerta, con presencia de ánimo, listo a adaptarse a lo inesperado.

Es el sacrificio de los sentimientos personales por el deseo de triunfar.

Es la suma de tres cantidades: propósito, práctica y paciencia.

Es la medida del hombre, el verdadero tamaño del alma.

Es la facultad de poder usar las propias pasiones, hábitos, gustos, disgustos, experiencias, mente, educación, corazón y cuerpo, sin ser usado por éstos.

Es el aprendizaje personal, la concentración, la visión y el sentido común.

Es la suma total de todo lo bueno que hay en una persona.

Anónimo

La fuente de tu habilidad

Ya sea que estés dirigiendo un grupo o sigas tu vida cotidiana, necesitas ser consciente.

Necesitas saber lo que está pasando y cómo es que las cosas pasan.

Si eres consciente de lo anterior, puedes actuar en concordancia. Puedes salir limpio de problemas y, al mismo tiempo, ser vital y eficiente.

Recuerda que tú también eres un proceso natural. Ser consciente de cómo suceden las cosas incluye ser consciente de ti mismo.

Tu vida se desarrolla de acuerdo con los mismos principios que gobiernan lo demás. Tú estás arraigado en el suelo común de la creación.

Ser como todo lo demás significa que eres ordinario. Pero saber conscientemente que eres como todo lo demás, es extraordinario.

Saber cómo trabaja esa universalidad y tener el sentido de actuar en concordancia es la fuente de tu poder, tu fortaleza y tu excelencia.

Ser consciente o tomar conciencia, entonces, es la fuente de tu habilidad. Aprende a aumentar tu conciencia.

Tao-Te Ching

Nada mejor para las preocupaciones que las ocupaciones.

Roger Patrón Luján

Se solicitan

Más personas que hagan algo por mejorar las cosas y menos que las desaprueben.

Más personas que actúen y menos que hablen.

Más personas que digan "puede hacerse" y menos que digan "no puede hacerse".

Más personas que inspiren confianza a los demás y menos que arrojen un chorro de agua fría sobre los que han dado un paso en la dirección correcta.

Más personas que se interesen en las cosas y hagan algo para corregirlas y menos que se sienten a un lado sin hacer más que encontrar defectos.

Más personas que señalen lo que es correcto y menos que insistan en machacar lo que es incorrecto.

Más personas que enciendan una vela y menos que maldigan la oscuridad.

Anónimo

Pide a Dios que bendiga tu trabajo; pero no esperes que Él te lo haga.

Anónimo

Para que la gente esté contenta en su trabajo debe ser apta, no hacer demasiado y sentirse orgullosa de él.

John Ruskin

Principios básicos de trabajo

Expresar siempre su verdad, sin llegar a la necedad o a la pérdida de objetividad.

Involucrar en las decisiones a todo el personal que vaya a ser afectado por dichas decisiones; en otras palabras, participación.

La labor de equipo para el manejo de un negocio, si bien era fundamental en el pasado, ahora y en el futuro, será vital.

Para la buena motivación del personal es fundamental el reconocimiento, no necesariamente en metálico.

Es clave delegar responsabilidad y compartir autoridad, sin dejar de controlar, para que las cosas sucedan con eficiencia.

Servir al cliente será cada vez más importante.

La constancia y la congruencia en el actuar son valores clave en el manejo de un negocio.

Para dirigir al personal y comunicar las políticas, hay que creer lo que se dice, y decir sólo aquello que se cree.

Precisar siempre las responsabilidades de cada quien, porque lo que es de todos (sin precisar) no es de nadie.

Tener muy claramente definidos y diferenciados los hechos de los conceptos.

Cuando algo no sale como uno hubiera querido, hay que pensar que uno es el único responsable. Ésta es la única manera de mejorar.

Las correcciones a los problemas hay que hacerlas de base y no superficiales o de momento.

Tratar de permanecer y desarrollarse lo más posible en una misma empresa.

Luis C. Ballesteros

Mensaje a García

Al estallar la guerra entre los Estados Unidos y España, era necesario entenderse con toda rapidez con el jefe de los revolucionarios de Cuba, el general García, quien estaba emboscado en las asperezas de las montañas: nadie sabía dónde.

Ninguna comunicación podía llegarle por correo ni por telégrafo. No obstante, era preciso que el presidente de Estados Unidos se comunicara con él. ¿Qué debía hacerse?

Alguien aconsejó al presidente: "Conozco a un tal Rowan quien, si es posible encontrar a García, lo encontrará".

Rowan tomó la carta para García y la guardó. Después de cuatro días de navegación dejó la pequeña canoa que le condujo a la costa de Cuba. Desapareció por entre los juncales y después de tres semanas, apareció al otro lado de la isla; había atravesado a pie un país hostil y había cumplido su misión de entregar a García el mensaje del que era portador.

Lo que quiero hacer notar con esta anécdota es que McKinley le dio a Rowan una carta para que la entregara a García y Rowan no preguntó: "¿Dónde lo encuentro?"

Verdaderamente éste es un hombre que debe ser inmortalizado en bronce porque no es erudición lo que necesita la juventud, ni enseñanza de tal o cual cosa, sino amor al deber, fidelidad a la confianza que en ella se deposita, obrar con prontitud, concentrar todas sus energías, *hacer bien lo que se tiene que hacer*: ¡Llevar un mensaje a García!

Todo hombre que ha tratado de llevar a cabo una empresa para la que necesita la ayuda de otros, se ha quedado frecuentemente sorprendido por la estupidez de la generalidad de los hombres, por su incapacidad o falta de voluntad para concentrar sus facultades en una idea, y ejecutarla.

Ayuda torpe, craso descuido, despreciable indiferencia y apatía por el cumplimiento de sus deberes: tal es y ha sido siempre la rutina. Así, ningún hombre sale avante, ni se logra ningún éxito si no es con amenazas o sobornando de cualquier otra manera a aquellos cuya ayuda es necesaria.

Admiro de todo corazón al hombre que cumple con su deber, tanto cuando está ausente el jefe, como cuando está presente. Y el hombre que con toda calma toma el mensaje que se le entrega para García, sin hacer preguntas tontas, ni abrigar la intención de arrojarlo en la primera coladera que encuentre, o de hacer cualquier otra cosa que no sea entregarlo, jamás encontrará la puerta cerrada ni necesitará armar huelgas para obtener un aumento de sueldo.

Ésta es la clase de hombres que se necesitan y a la cual nada puede negarse. Son tan escasos y tan valiosos que ningún patrón consentiría en dejarlos ir. A un hombre así se le necesita en todas partes, el mundo entero clama por él, se necesita... ¡URGE.. el hombre que pueda llevar un MENSAJE A GARCÍA!

Helbert Hubbard

He encontrado imposible llevar la pesada carga de responsabilidad y cumplir con mis deberes de rey como yo quisiera, sin la ayuda y el apoyo de la mujer que amo.

Eduardo VIII, duque de Windsor

Joven, tienes la vida por delante. Ponte en el camino y, al lado de otros, eleva a tu país.

Anónimo

La riqueza

Que no te espante la pobreza; nadie vive tan pobre como nació.

Séneca

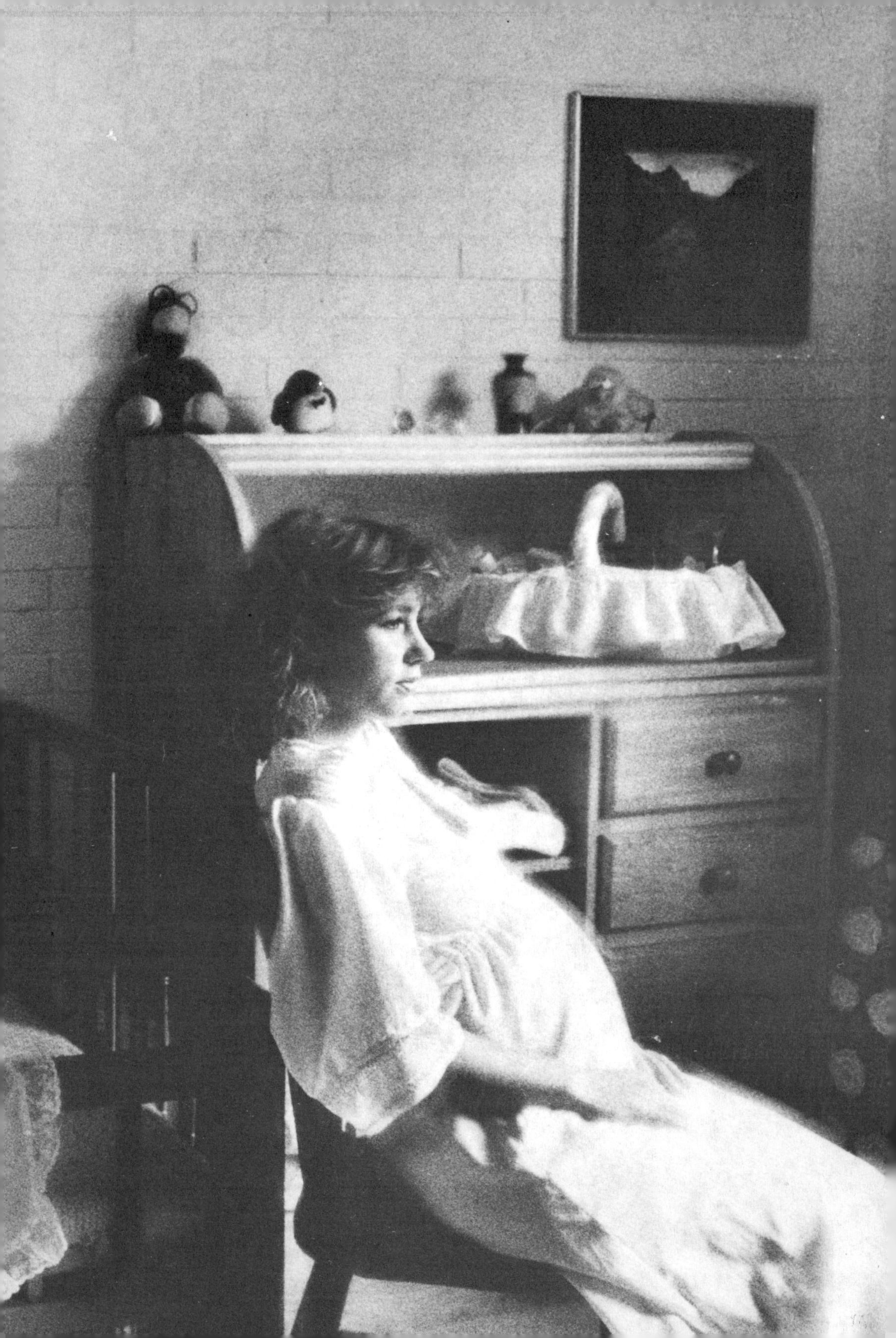

El valor del dinero

Con dinero podemos comprar:

una cama...	pero no sueño;
libros...	pero no inteligencia;
comida...	pero no apetito;
adornos...	pero no belleza;
una casa...	pero no un hogar;
medicinas...	pero no salud;
lujos...	pero no alegría;
un compañero...	pero no un amigo;
diversiones...	pero no felicidad;
un crucifijo...	pero no un salvador;
una iglesia...	pero no el cielo.

Anónimo

El hombre pasa la mitad de su vida derrochando salud para conseguir dinero. Y la otra mitad, derrochando dinero y... ¡nunca consigue salud!

Adolfo Patrón Martínez

Como el mar

En el mar hay dos dimensiones diferentes: la superficial y la profunda.

¿Qué es la superficie del mar?

El mar no tiene superficie propia: se la dan, depende del entorno. Hoy azul, mañana gris; al amanecer sedada, por la tarde alborotada; ahora tibia, luego helada.

Vive en el cambio.

Y la otra dimensión, la de la profundidad.

Ahí todo es paz, silencio, riquezas.

La verdadera riqueza del mar está allá abajo: paisajes de embeleso, fauna desconocida, flora insólita.

Y los galeones hundidos con su carga de leyendas y tesoros fabulosos.

José María Lorca

La vida es el más preciado regalo que podemos desear y la desgastamos en tonterías que nada valen: riquezas, honores, prestigio... ¿Para qué sirve eso? Tienes que cuestionarlo todo, aun las cosas que digo, analizando esto y lo opuesto. Si no lo haces, sólo conseguirás otra programación encima de la que tienes.

Anthony de Mello

La grandeza de un hombre

La grandeza de un hombre se mide

      por la grandeza de sus sueños,
      por la grandeza de la persona amada,
      por la grandeza del valor que redime
      y de la felicidad que comparte.

La grandeza de un hombre se mide

      por la grandeza de la verdad que profesa,
      por la grandeza del servicio que rinde,
      por la grandeza del destino que forja
      y de la vida que vive.

Roy Whitby

No sentirse querido, ni apreciado, ni necesitado por nadie es peor que la pobreza, es peor que el hambre. Yo he puesto muchas veces comida en la boca del hambriento, pero la ayuda material no cura el hambre de compañía.

¡Sólo el amor cura la soledad!

Al ofrecer nuestra compañía curamos el hambre del solitario. Quisiera que todos se dieran cuenta de esto, que hicieran algo por solucionarlo.

Madre Teresa de Calcuta

La extraña costumbre

En un curioso mundo, la gente gustaba adornarse y tocar su cabeza con extrañas prendas.

    Los sabios y catedráticos, con birretes.

    Los ministros de las iglesias, con mitras y solideos.

    Los reyes, con coronas.

    Los jueces, con togas.

    Los héroes, con laureles.

    Los hechiceros, con plumas.

    Los filósofos, con pobladas barbas.

    Los poetas, con largas cabelleras.

    Los profetas, con pieles de cabra.

    Los muertos, con toscos sayales.

    Los militares, con medallas y cruces.

    Las novias, con blancos vestidos.

    Las viudas, de riguroso luto.

Y es que, en ese insólito mundo, los hombres aún no habían descubierto que la majestad de las ciencias y la pureza de los sentimientos son venerables por sí mismos...

Anónimo

Hoy

Puedo ser mejor que ayer,
puedo ser más generoso,
empezaré una nueva vida,
tomaré conciencia de cuanto poseo:
salud, trabajo, familia, paz, alegría.

Empezaré a olvidar mis errores pasados,
no diré "si hubiera hecho",
no temeré al futuro,
combatiré mi egoísmo.

No pensaré en mis cosas solamente,
escucharé con atención a los que me rodean,
conscientemente haré feliz a alguien,
planearé mi día y haré todo con alegría.

No viviré en forma rutinaria,
pondré entusiasmo y alma en todo lo que haga,
disfrutaré todo cuanto me rodea,
diré a mi familia que la amo y necesito de ella.

Perdonaré a los que me han ofendido,
me perdonaré mis fallas,
no criticaré a nadie,
aceptaré las cosas como vienen.

Empezaré a vivir mejor,
no me quejaré de nada,
amaré la vida,
pensaré positivamente y viviré positivamente.

No veré nada negativo en cuanto me rodea,
no me quejaré,
¡empezaré a ser una persona mejor que ayer!

Anónimo

Ayer, hoy y mañana

Hay dos días en cada semana que no deben preocuparnos, dos días que no deben causarnos ni tormento ni miedo.

Uno es el *ayer*, con sus errores e inquietudes, con sus flaquezas y desvíos, con sus penas y tribulaciones; el ayer se marchó para siempre y está ya fuera de nuestro *alcance*.

Ni siquiera el poder de todo el oro del mundo podría devolvernos el *ayer*.

No podremos deshacer ninguna de las cosas que *ayer* hicimos; no podremos borrar ni una sola palabra de las que ayer dijimos.

Ayer se marchó para no volver.

El otro día que no debe preocuparnos es el *mañana*, con sus posibles adversidades, dificultades y vicisitudes, con sus halagadoras promesas o lúgubres decepciones; el *mañana* está fuera de nuestro alcance inmediato.

Mañana saldrá el sol, ya para resplandecer en un cielo nítido o para esconderse tras densas nubes, pero saldrá.

Hasta que no salga no podemos disponer del *mañana*, porque todavía el *mañana* está por nacer.

Sólo nos resta un día: *hoy*.

Cualquier persona puede afrontar las refriegas de un solo día y mantenerse en paz.

Cuando agregamos las cargas de esas dos eternidades, *ayer* y *mañana*, es cuando caemos en la brega y nos inquietamos.

No son las cosas de *hoy* las que nos vuelven locos.

Lo que nos enloquece y nos lanza al abismo es el remordimiento o la amargura por algo que aconteció *ayer*, y el miedo por lo que sucederá *mañana*.

De suerte que nos conformaremos con vivir un solo día a la vez para mantenernos saludables y felices.

Anónimo

Las mejores cosas de la vida

Había una vez un grupo de ancianos japoneses que se reunía para intercambiar noticias y tomar el té.

Una de sus diversiones era buscar variedades costosas de té y crear nuevas mezclas que deleitaran el paladar.

El día que le tocó el turno al miembro más viejo del grupo, sirvió el té con la más grandiosa ceremonia, extrayendo las hojas de un contenedor de oro.

Todos tenían las mejores alabanzas para el té y desearon saber por medio de qué tipo de combinación había llegado a esta mezcla exquisita.

El anciano sonrió y dijo:

—Caballeros, el té que encuentran tan delicioso es el que toman los campesinos de mi rancho.

Las mejores cosas de la vida no son costosas ni difíciles de encontrar.

Anthony de Mello

Todo lo que no se da, se pierde.

Hasari Pal

Se ha dejado de vivir

Se ha dejado de vivir...

    cuando se existe sin tener un propósito;
    cuando ya no se puede elegir el camino
    porque se piensa que ninguno es bueno;
    cuando se califica de absurdo todo movimiento nuevo
    porque se parece a lo ya conocido.

Se ha dejado de vivir...

    cuando da lo mismo hacer una cosa que otra
    porque el resultado será siempre el aburrimiento;
    cuando el espíritu de aventura ha terminado
    y se prefiere hablar de las cosas, en vez de hacerlas;
    cuando se da más importancia a recordar lo realizado
    que a planear lo que aún queda pendiente por hacer.

Se ha dejado de vivir...

    cuando el amor sólo busca la comodidad y la satisfacción
    en vez de la pasión urgente de darse y recibir;
    cuando se cree saberlo todo y ya no puede establecerse
    diálogo con la gente ni con los libros;
    cuando se prefiere dormir a iniciar un sueño
    bajo la tenue luz de las estrellas.

Se ha dejado de vivir...

    cuando se cree que ya se ha hecho bastante por la vida
    y ahora es ella la que debe hacer algo por nosotros;
    cuando ya no se puede sentir la presencia de Dios
    en la acción de nuestro trabajo diario;
    cuando se prefiere transar... a pelear hasta el final.

                                                Mario González Ulloa

Prométete a ti mismo

Ser tan fuerte que nada pueda turbar la paz de tu mente.

Hablar a todos de salud, felicidad y prosperidad.

Hacer que los demás sientan siempre que hay algo bueno en ellos.

Mirar siempre el lado luminoso de las cosas y hacer que tu optimismo se realice.

Pensar sólo en lo mejor y esperar sólo lo mejor.

Ser tan entusiasta del éxito de tu amigo como del tuyo propio.

Olvidar los errores del pasado y luchar por las grandes consecuencias del futuro.

Sonreír siempre, y que tu sonrisa sea para todos.

Dedicar tanto tiempo a tu adelanto personal que no te quede un momento para encontrar un defecto en los demás.

Ser suficientemente tolerante, firme y generoso para combatir la pesadumbre, la pasión y el miedo, y suficientemente feliz para no permitir la presencia de la inquietud.

Anónimo

La plenitud no está en lograr todo lo que anhelas, sino en valorar lo mucho que ya tienes.

Anónimo

Aprovechar la vida

Hay dos tipos de deseos o dependencias.

El primero es una esclavitud, una cárcel, pues de que se cumpla o no, depende mi felicidad o mi sufrimiento.

El segundo abre otra opción; si se cumple, me alegro, y si no, busco otras compensaciones.

La otra opción es vivir los deseos como estímulos para la sorpresa; como un juego en el que lo importante no es ganar o perder, sino jugar.

Anónimo

¿Qué hace falta para despertarse?

No hace falta esfuerzo, ni juventud, ni discurrir mucho. Sólo hace falta una cosa: la capacidad de pensar algo nuevo, de ver algo nuevo, de descubrir lo desconocido.

Anthony de Mello

Las palabras más importantes en la calidad total

Las diez palabras más importantes:

El mayor compromiso en la vida es la calidad total

Las nueve palabras más importantes:

Nuestras metas principales son la calidad y el servicio

Las ocho palabras más importantes:

Para nosotros, el cliente está antes que todo

Las siete palabras más importantes:

La calidad se genera en cada proceso

Las seis palabras más importantes:

Estamos orgullosos de lo que hacemos

Las cinco palabras más importantes:

La calidad la hacemos todos

Las cuatro palabras más importantes:

Debemos prevenir, no inspeccionar

Las tres palabras más importantes:

¡Mejoramos cada día!

Las dos palabras más importantes:

Educación permanente

La palabra más importante:

Responsabilidad

Irene Fohri

¡Decídete!

Los seres que triunfan en la vida, en cualquier aspecto, son los que tienen la audacia de decidirse a salir del anonimato, ya sea en su trabajo, en su hogar, en la ciencia, en donde sea. Y tú, ¿por qué no te decides a ser mejor?

Decídete a adentrarte en tu alma y reconocer tus faltas.

Decídete a corregir tus errores y reconocer que no eres infalible.

Decídete a aceptar que hay otros dignos de ser imitados.

Decídete a aceptar lo que la vida te ofrece.

Decídete a no exigir de los demás lo que no pueden darte.

Decídete a amar todo cuanto te rodea.

Decídete a aceptar a tu familia como es.

Decídete a gozar en tu trabajo.

Decídete a pensar que nada puede derrotarte.

Decídete a olvidar tus penas y a escuchar las de otros.

Decídete a ordenar tu vida.

Decídete a disciplinar tu horario.

Decídete a vivir sin precipitación.

Decídete a no perder el tiempo en tonterías.

Decídete a reconocer tu insignificancia.

Decídete a no estar criticando y juzgando los defectos de otros.

Decídete a tener voluntad para llegar a la meta que te has trazado.

Cuando te hayas decidido a esto, habrás dado un gran paso hacia tu felicidad y la de todos cuantos te rodean, porque sentirás tu vida llena de paz y ellos sentirán como un aroma la fragancia que exhalará tu decisión de ser mejor.

¡Sólo las almas mediocres no aspiran a superarse!

Anónimo

El misterio de la creación es como la oscuridad de la noche: es profundo. Las ilusiones del conocimiento son como la niebla de la alborada.

Rabindranath Tagore

Algunos secretos

Frena tu lengua para que no se desboque; dí siempre menos de lo que piensas.

Cultiva una voz baja y persuasiva. La forma como lo dices a veces cuenta más que lo que dices.

Nunca dejes pasar la oportunidad para decir una palabra amable y alentadora.

Elogia el trabajo bien hecho, sin importar quién lo hizo.

Interésate en los demás: en sus ocupaciones, su bienestar, su hogar y su familia.

Haz que todo aquel que encuentres, no importa cuan humilde, sienta que tú lo consideras una persona importante.

¡Sé jovial!

Oculta tus dolores, tus preocupaciones y tus desengaños bajo una sonrisa animosa y sincera. Ríe francamente cuando oigas un buen chiste y aprende a contarlo tú también.

Debes mantener tu mente abierta respecto a todos los problemas. Puedes discutir, pero sin disputar.

Deja que tus virtudes hablen por sí solas y no menciones los vicios de los demás.

No alientes la murmuración. Debes imponerte la regla de no decir nada sobre otra persona si no es algo bueno.

Ten mucho cuidado con los sentimientos de los demás. Los chistes y bromas a expensas de otros, pocas veces son acertados y pueden herir donde menos esperas.

No pongas atención a comentarios malévolos acerca de ti; simplemente vive de tal modo que nadie los crea. Los nervios trastornados con frecuencia ocasionan contestaciones mordaces.

No te desesperes por conseguir lo que crees que mereces. Realiza tu trabajo, sé paciente y conserva tu buen carácter.

Considera a las demás personas antes que a ti mismo y serás respetado y recompensado.

Anónimo

Los pobres constituyen un problema social que no me es ajeno. Debo hacer lo que pueda para ayudar a resolverlo.

Anónimo

Los mexicanos

Un territorio vale por sus hombres. México tiene que valer por los mexicanos.

Jesús Guisa y Acevedo

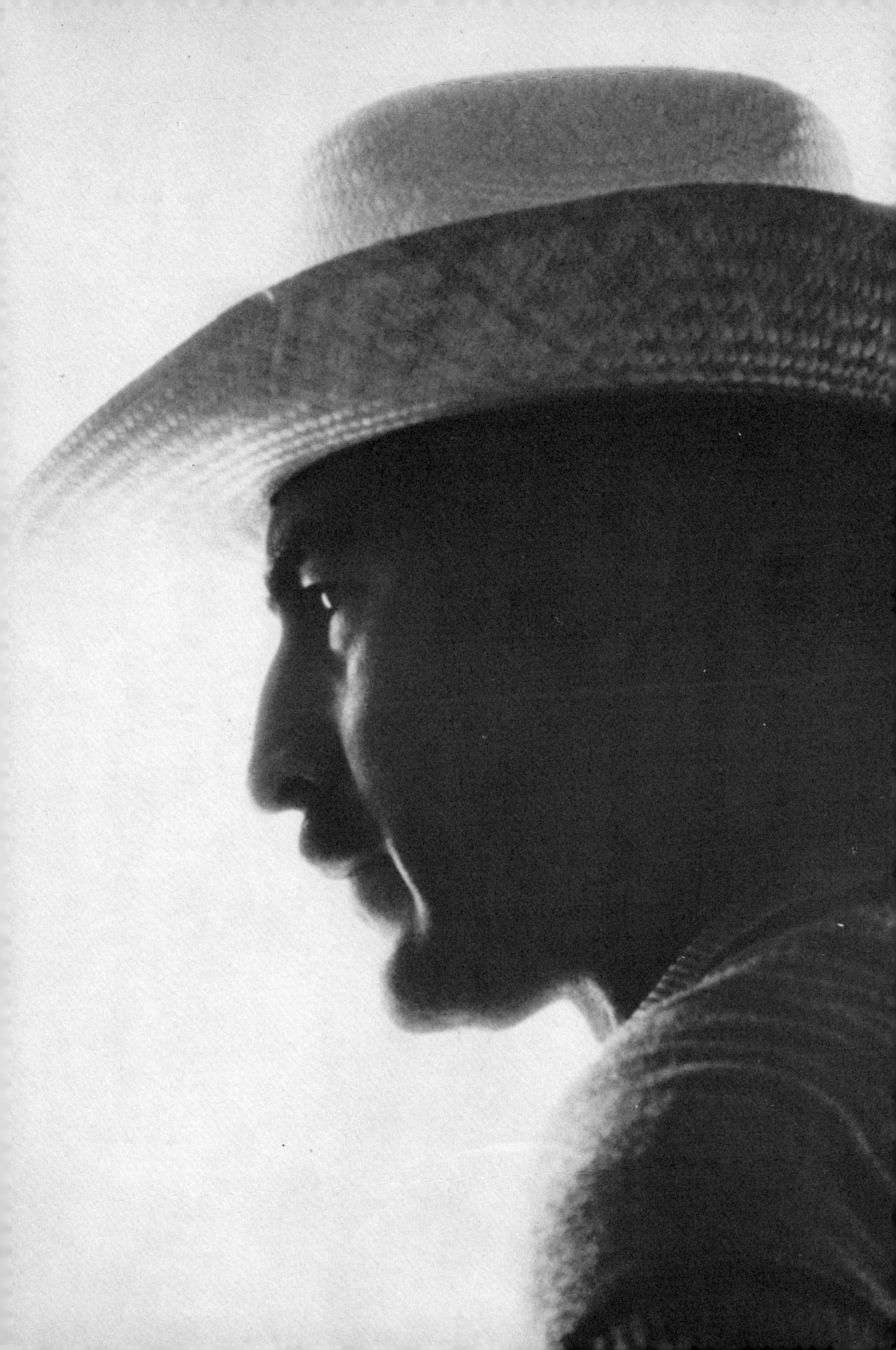

Responsabilidad social

Quien ha recibido la misión de dirigir tiene la responsabilidad de ver que los bienes sean desarrollados y usados en beneficio de todos, para que toda persona tenga la posibilidad de vivir de acuerdo con su propia dignidad.

Solamente los esfuerzos unidos de todos los ciudadanos, bajo un verdadero liderazgo, pueden superar las dificultades a las que se enfrenta la sociedad actual.

Servir a la sociedad implica buscar afanosamente que las personas que la integran desarrollen armónicamente todas sus capacidades y las dirijan al bien común.

Anónimo

Un hombre viaja por el mundo en busca de lo que necesita y regresa a casa a encontrarlo.

George Moore

Puedes engañar a toda la gente por algún tiempo; puedes engañar a cierta gente todo el tiempo; pero no puedes engañar a toda la gente todo el tiempo.

Abraham Lincoln

La participación

La participación es la tribuna que nos permite desarrollarnos y proyectarnos dentro de la sociedad; es, por lo tanto, a través de la participación como tendremos la oportunidad de ser causa y no efecto del proceso social.

Nadie que no participe tiene derecho a criticar la obra de los demás, pero ningún gobierno tiene el derecho a impedir o limitar la participación de sus ciudadanos en la vida cívica del país. La participación enriquece, la abstención mutila. Quien participa se realiza, el que no lo hace se frustra.

El que participa está expuesto a cometer yerros, pero siempre serán mayores los pecados de omisión que los de acción.

El hombre será juzgado tan severamente por el bien que pudo haber hecho y no hizo, como por el mal deliberado que pueda haber cometido, ya que sólo un loco hace el mal por el mal mismo y, aunque siempre habrá más locos sueltos que recluidos, no podemos atribuir el mal que aqueja al mundo a la obra intencional de los perversos, sino a la criminal indiferencia de quienes, pudiendo evitarlo, no lo evitan, o de quienes, teniendo en sus manos la oportunidad de hacer el bien, no la aprovechan.

La autoridad y la responsabilidad jamás podrán divorciarse.

La participación es, en consecuencia, la única forma en que el hombre puede ejercer su libertad; sin embargo, el ámbito del ejercicio de la libertad individual está demarcado por el respeto a la libertad de los demás, lo cual nos lleva nuevamente al concepto de la subordinación, conforme al cual, el derecho a ejercer nuestra libertad nos impone la obligación de participar solidariamente con los demás en la medida de nuestra capacidad y de nuestras posibilidades, en la magna tarea de edificar una sociedad más justa y más humana.

Participar es, por lo tanto, ser parte, no tomar una parte; esto sería compartir.

Quien participa de sus conocimientos no los ve disminuidos en la medida en que otros se hayan enriquecido con ellos, mientras que quien comparte un bien material necesariamente sufrirá una disminución en su propiedad en la medida en que otros toman una parte de dicho bien.

En otras palabras, participar y compartir son vocablos opuestos, ya que el primero enriquece y el segundo empobrece. Si el participar es propio del *ser*, el compartir es propio del *tener*, y el hombre vale realmente por lo que *es*, no por lo que *tiene*.

Aquello que se puede participar tiene valor; lo que se puede compartir tiene precio.

La libertad, el honor, la nobleza, la amistad, la lealtad, la cultura, la bondad, la belleza, la verdad, el amor, en fin, lo que realmente tiene valor, no tiene precio.

El hombre que tiene precio no tiene ningún valor.

Salvador Milanés García

Muchos dicen que tener talento es cuestión de suerte; muy pocos piensan que tener suerte es cuestión de dedicación.

Anónimo

Te darás a conocer

Ten cuidado de las cosas de la tierra, haz algo:
corta leña, labra tierra, planta árboles.

Tendrás qué comer, qué beber, qué vestir;
con eso estarás en pie, serás verdadero.

Con eso andarás, con eso se hablará de ti,
se te alabará... con eso te darás a conocer.

Sabiduría popular mixteca

La prueba de cada civilización humana está en la especie de hombre y de mujer que en ella se produce.

José Martí

No siento necesidad de ninguna otra fe más que de la fe en los seres humanos.

Pearl S. Buck

Nosotros mismos

Ven en busca de tu gente,
ámalos,
aprende de ellos,
planea con ellos,
sírveles.

Empieza con lo que tienen,
bástate de lo que saben,
pero, para los mejores líderes,
cuando su tarea se realiza,
su trabajo termina.

Y toda la gente comenta:

"Lo hemos hecho nosotros mismos."

                                      Anónimo

Me gusta el hombre que cada vez que encuentra la pregunta: ¿raza? en una solicitud responde simplemente: humana.

                                      Paul Tabori

Es imposible que el bien común de la ciudad ande bien si los ciudadanos no son virtuosos.

                                    Santo Tomás de Aquino

¿Que es la patria?

Cada hombre tiene su propia vivencia de la patria.

Para unos, la patria está centrada en la familia que se lleva a cuestas en el alma.

Para otros, la patria está en la bandera que ondea sobre las comunidades; o en la cruz del campanario que asoma por la arboleda.

Unos viven la patria en el surco, donde se guarda y espera; otros la viven en la tumba, donde se guarda lo que se añora.

La patria puede ser el rimero de adobes cobijado por un techo; o la ondulación de colinas cobijadas por un horizonte.

Hay quien lleva la patria como una tradición que sustenta y que ancla; hay quien la lleva como una esperanza que impulsa y que navega.

La patria es todo esto; la patria es más que esto.

> La patria es la unidad de raíces y de afanes, donde el hombre-sociedad se siente realizado.
>
> La patria es donde está lo que amo y lo que espero; está donde está lo que soy y lo que quiero ser.
>
> La patria no es sólo un concepto jurídico o político, racial o territorial; es una vivencia humana íntegra, donde la sociedad hecha sentimiento cobra su más bella magnitud.

Por ello, cuando amo a mi patria, respeto la patria de todos los demás.

Así, cultivar el amor a la patria es acrecentar la libertad humana, la respetuosa convivencia y el amor al prójimo... tan viejo y olvidado.

Anónimo

Una reflexión

Solamente cuando se haya

envenenado el último río,

cortado el último árbol y

matado el último pez,

el hombre se dará cuenta de que

¡no puede comerse el dinero!

Inscripción en las cataratas de Iguazú

La guerra se ha de hacer para evitar las guerras.

José Martí

Nada cabe esperar de los hombres que entran a la vida sin apasionarse por algún ideal; a los que nunca fueron jóvenes, les parece descarriado todo ensueño. Y no se nace joven; hay que adquirir la juventud. Y, sin un ideal, no se adquiere.

José Ingenieros

Ser guerrero impecable

Ser guerrero impecable

    es entregar la voluntad entera,
    es dar energía vital para ser un solo estado,
    es ser victoria y victorioso,
    es buscar la unión del ser y el pensamiento,
    es ser hombre minúsculo y, a su vez, todo el Universo,
    es ser célula, parte de la tierra y todo el Infinito.

Ser guerrero impecable

    es entregarse sin miedo y sin desidia,
    es darse al sol abriendo las puertas
    a ese inmenso Amor, sin desear tener,
    sólo vivir... vivir con alegría.

Ser guerrero impecable

    es ver a Dios, no como un verdugo
    sino como un nuevo amigo, una esperanza;
    es sentirse solo... pero dentro del regazo,
    es ser único, diferente y amado,
    es ser humanamente todo.

Ser guerrero impecable

    ¡no es pegar!

        Es tocar con el dedo divino las fibras más sensibles del hombre que nos agrede.

    ¡no es gritar!

        Es hablar con el corazón abierto.

    ¡no es correr!

        Es traspasar los límites de lo visible.

Ser guerrero impecable

    es estar en todo y en uno mismo,
    es abrir los ojos, no para mirar, sino para ver
    qué encontramos en el fondo del ser humano,
    cuáles son sus ideales, sufrimientos y alegrías;
    es lanzarle caricias de esperanza,
    y entregarle colores a su vida.

Ser guerrero impecable

    es ser hombre total,
    es ser disciplinado, cabal y valiente,
    caminante incansable viendo siempre al frente,
    venciendo obstáculos,
    traspasando fronteras,
    mirando más allá del horizonte,
    ayudando a ese ser maravilloso,
    nuestro hermano ¡el hombre!

                                    Germán Caballero Sandoval

Reyes o gobernantes no son los que llevan cetro, sino los que saben mandar.

                                                   Anónimo

El sello de un buen ciudadano

Está bien informado de los asuntos locales e internacionales: *El conocimiento es el alimento del alma*, dijo Platón.

Es cortés, generoso, amigable, se lleva bien con los demás, es un buen vecino: *A quien es querido por sus vecinos en todas partes le irá bien*, dijo George Herbert.

Aprecia lo que otros han hecho por él y acepta la responsabilidad para el mejoramiento futuro de su comunidad: *Una comunidad es como un barco; todos deben estar preparados para tomar el yelmo*, dijo Henrik Ibsen.

Es amable y justo en sus relaciones con otros: *Escucha el otro lado*, dijo San Agustín.

Obedece las leyes de su comunidad y de la nación: *Ningún hombre está por encima de la ley*, dijo Theodore Roosevelt.

Vota regular e inteligentemente durante las elecciones: *La amenaza más grande a la libertad es una gente inerte*, dijo Louis D. Brandeis.

Está interesado en la libertad y el bienestar de toda la gente del mundo y hace lo suyo para asegurarlos: *Eslavo, teutón, celta, los cuento a todos como mis amigos y hermanos*, dijo Lord Alfred Tennyson.

Es productivo, rinde un servicio valioso a su prójimo: *La más alta de las distinciones es el servicio a otros*, dijo Jorge VI.

Da un buen ejemplo a la juventud de su comunidad: *Un buen ejemplo es el mejor sermón*, dijo Thomas Fuller.

Herbert J. Taylor

La gente

Cuando Confucio viajaba a Wei, lo llevó Jan Yu.

Confucio observó:
—¡Qué población tan densa!

Jan Yu dijo:
—La gente ha llegado a ser muy numerosa. ¿Qué es lo próximo que debería hacerse por ellos?

Confucio le indicó:
—¡Educarlos!

Jan Yu preguntó acerca de cómo debían gobernarse.

Confucio le dijo:
—Los esenciales son alimento suficiente, tropas suficientes y la confianza del pueblo.

Jan Yu inquirió:
—Suponga que fuera forzado a abandonar una de estas tres, ¿cuál dejaría ir primero?

Confucio aseguró:
—Las tropas.

Jan Yu preguntó nuevamente:
—Si uno se viera forzado a dejar una de las dos restantes, ¿cuál dejaría ir?

Confucio dijo terminantemente:
—¡El alimento!, *ya que la gente sin fe no puede sobrevivir.*

Anónimo

Nada grande se ha realizado en el mundo sin pasión.

Georg Friedrich Hegel

Fronteras

A menudo pensamos de nosotros mismos como si viviéramos en un mundo donde ya no existen fronteras sin explorar.

Hablamos de los pioneros como algo del pasado.

Pero al hacerlo olvidamos que la más grande de las aventuras todavía nos reta.

Lo que Justice Holmes llamó "la aventura de la mente humana".

Los hombres pueden estar confinados geográficamente, pero cada generación se detiene en las fronteras de la mente.

En el mundo de las ideas, siempre hay trabajo de pionero por realizar y puede ser hecho por cualquiera que use el equipo que le fue donado.

Las grandes ideas pertenecen a todos.

Mortimer J. Adler

Turista es aquel que, en cuanto parte, desea regresar a casa. Viajero es aquel que no sabe cuándo regresará.

Anónimo

La mayoría de nosotros no podría hacer grandes cosas; pero podemos hacer cosas pequeñas muy bien hechas.

Anónimo

Víctor Hugo pide a Juárez el indulto de Maximiliano

Al presidente de la República Mexicana:

Juárez, vos habéis igualado a John Brown.

La América actual tiene dos héroes, John Brown y vos. John Brown, por quien ha muerto la esclavitud; vos, por quien ha vencido la libertad. México se ha salvado por un principio y por un hombre.

El principio es la República; el hombre sois vos.

Por otra parte, el fin de todos los atentados monárquicos es terminar en el aborto. Toda usurpación comienza por Puebla y termina en Querétaro. Europa, en 1863, se arrojó sobre América. Dos monarquías atacaron vuestra democracia: la una con un príncipe, la otra con un ejército, el más aguerrido de los ejércitos de Europa, que tenía por punto de apoyo una flota tan poderosa en el mar como en la tierra; que tenía para respaldarlo todas las finanzas de Francia, recibiendo reemplazos sin cesar; bien comandado; victorioso en África, en Crimea, en Italia, en China, valientemente fanático de su bandera; que poseía en profusión caballos, artillería, provisiones, municiones formidables.

Del otro lado, Juárez.

Por una parte dos imperios, por la otra un hombre. Un hombre, con sólo un puñado de hombres. Un hombre arrojado de ciudad en ciudad, de pueblo en pueblo, de rancho en rancho, de bosque en bosque, amenazado por la infame fusilería de los consejos de guerra, perseguido, errante, atacado en las cavernas como una bestia feroz, acosado en el desierto; proscrito por generales, algunos desesperados; por soldados, algunos desnudos. Ni dinero, ni pan, ni pólvora, ni cañones, los matorrales por ciudades. Aquí, la usurpación con el nombre de legitimidad; allá, el derecho, con el nombre de bandido.

La usurpación con el casco en la cabeza y la espada imperial en la mano, saludada por los obispos, precedida por, y arrastrando tras ella, todas las legiones de la fuerza. El derecho solo y desnudo. Vos, el derecho, habéis aceptado el combate.

La batalla de uno contra todos ha durado cinco años. Falto de hombres, habéis tomado por proyectiles las cosas. El clima terrible os ha socorrido; habéis tenido por auxiliar a vuestro sol. Habéis tenido por defensores a los pantanos infranqueables, los torrentes llenos de caimanes, las marismas plenas de fiebre, las vegetaciones tupidas, el vómito negro de las tierras calientes, los desiertos salados, los grandes arenales sin agua y sin hierbas, donde los caballos mueren de sed y hambre; la grande y severa meseta del Anáhuac que, como la de Castilla, se defiende por su desnudez; las barrancas siempre conmovidas por los temblores de los volcanes, desde el Colima hasta el Nevado de Toluca. Habéis llamado en vuestro auxilio a vuestras barreras naturales: lo escabroso de las cordilleras, los altos diques basálticos y las colosales rocas de pórfido. Habéis hecho la guerra del gigante y vuestros proyectiles han sido las montañas.

Y un día, después de cinco años de humo, de polvo y de ceguera, la nube se ha disipado y entonces se han visto dos imperios caídos por tierra. Nada de monarquía, nada de ejércitos; nada más que la enormidad de la usurpación en ruina y, sobre este horroroso derrumbamiento, un hombre de pie, Juárez, y al lado de este hombre, la libertad.

Vos habéis hecho todo esto, Juárez, y es grande; pero lo que os resta por hacer es más grande todavía.

Escuchad, ciudadano Presidente de la República Mexicana:

Acabáis de abatir las monarquías con la democracia. Les habéis demostrado su poder, ahora mostrad su belleza. Después del rayo mostrad la aurora. Al cesarismo que masacra, oponed la república que deja vivir. A las monarquías que usurpan y exterminan, oponed al pueblo que reina y se modera. A los bárbaros, mostrad la civilización. A los déspotas, mostrad los principios. Humillad a los reyes frente al pueblo, deslumbrándolos. Vencedlos, sobre todo, por la piedad.

Protegiendo al enemigo se afirman los principios. La grandeza de los principios consiste en ignorar al enemigo. Los hombres no tienen nombre frente a los principios; los hombres son el Hombre. Los principios no conocen más allá de sí mismos. El hombre en su estupidez augusta, no sabe más que esto: la vida humana es inviolable.

¡Oh venerable imparcialidad de la verdad! ¡Qué bello es el derecho sin discernimiento, ocupado sólo en ser el derecho!

Precisamente delante de los que han merecido legalmente la muerte, es donde debe abjurarse de las vías de hecho. La grandiosa destrucción del cadalso debe hacerse delante de los culpables.

Que el violador de los principios sea salvaguardado por un principio. Que tenga esta dicha y esta vergüenza. Que el perseguidor del derecho sea protegido por el derecho. Despojándolo de la falsa inviolabilidad, la inviolabilidad real, lo ponéis delante de la verdadera inviolabilidad humana. Que se quede asombrado al ver que el lado por el cual es sagrado, es precisamente aquel por el cual no es emperador. Que este príncipe que no sabía que era un hombre, sepa que hay en él una miseria: el rey; y una majestad: el hombre.

Jamás se os ha presentado una ocasión más relevante. ¿Osarían golpear a Berezowski en presencia de Maximiliano sano y salvo? Uno ha querido matar a un rey; el otro ha querido matar a una nación.

Juárez, haced que la civilización dé este paso inmenso. Juárez, abolid sobre toda la tierra la pena de muerte.

Que el mundo vea esta cosa prodigiosa: la República tiene en su poder a su asesino, un emperador; en el momento de aniquilarlo, descubre que es un hombre, lo deja en libertad y le dice: Eres del pueblo, como los otros. ¡Vete!

Ésta será, Juárez, vuestra segunda victoria. La primera, vencer la usurpación, es soberbia. La segunda, perdonar al usurpador, será sublime.

¡Sí, a estos príncipes, cuyas prisiones están repletas; cuyos patíbulos están corroídos de asesinatos; a esos príncipes de cadalsos, de exilios, de presidios y de Siberias; a esos que tiene Polonia, a esos que tiene Irlanda, a los que tiene La Habana, a los que tiene Creta; a estos príncipes a quienes obedecen los jueces; a estos jueces a quienes obedecen los verdugos; a esos verdugos obedecidos por la muerte; a esos emperadores que tan fácilmente cortan la cabeza de un hombre, ¡mostradles cómo se perdona la cabeza de un emperador!

Sobre todos los códigos monárquicos de donde manan las gotas de sangre, abrid la ley de la luz y, en medio de la más santa página del libro supremo, que se vea el dedo de la República señalando esta orden de Dios: ¡Tú ya no matarás!

Estas cuatro palabras son el deber.

Vos cumpliréis con ese deber.

¡El usurpador será salvado y el libertador, ay, no pudo serlo! Hace ocho años, el 2 de diciembre de 1859, sin más derecho que el que tiene cualquier hombre, he tomado la palabra en nombre de la democracia y he pedido a los Estados Unidos la vida de John Brown. No la obtuve. Hoy pido a México la vida de Maximiliano.

¿La obtendré?

¡Sí, y quizá a esta hora esté ya concedida!

Maximiliano deberá la vida a Juárez.

¿Y el castigo?, preguntarán.

El castigo, helo aquí:

Maximiliano vivirá, *¡por la gracia de la República!*

Hauteville, 20 de junio de 1867

Víctor Hugo

Esta carta fue redactada en el exilio el 20 de junio de 1867, y Maximiliano fue fusilado el día 19 del mismo.

La comunicación con Dios

Sé una lámpara hacia ti. Mantente hacia la verdad dentro de ti.

Buda

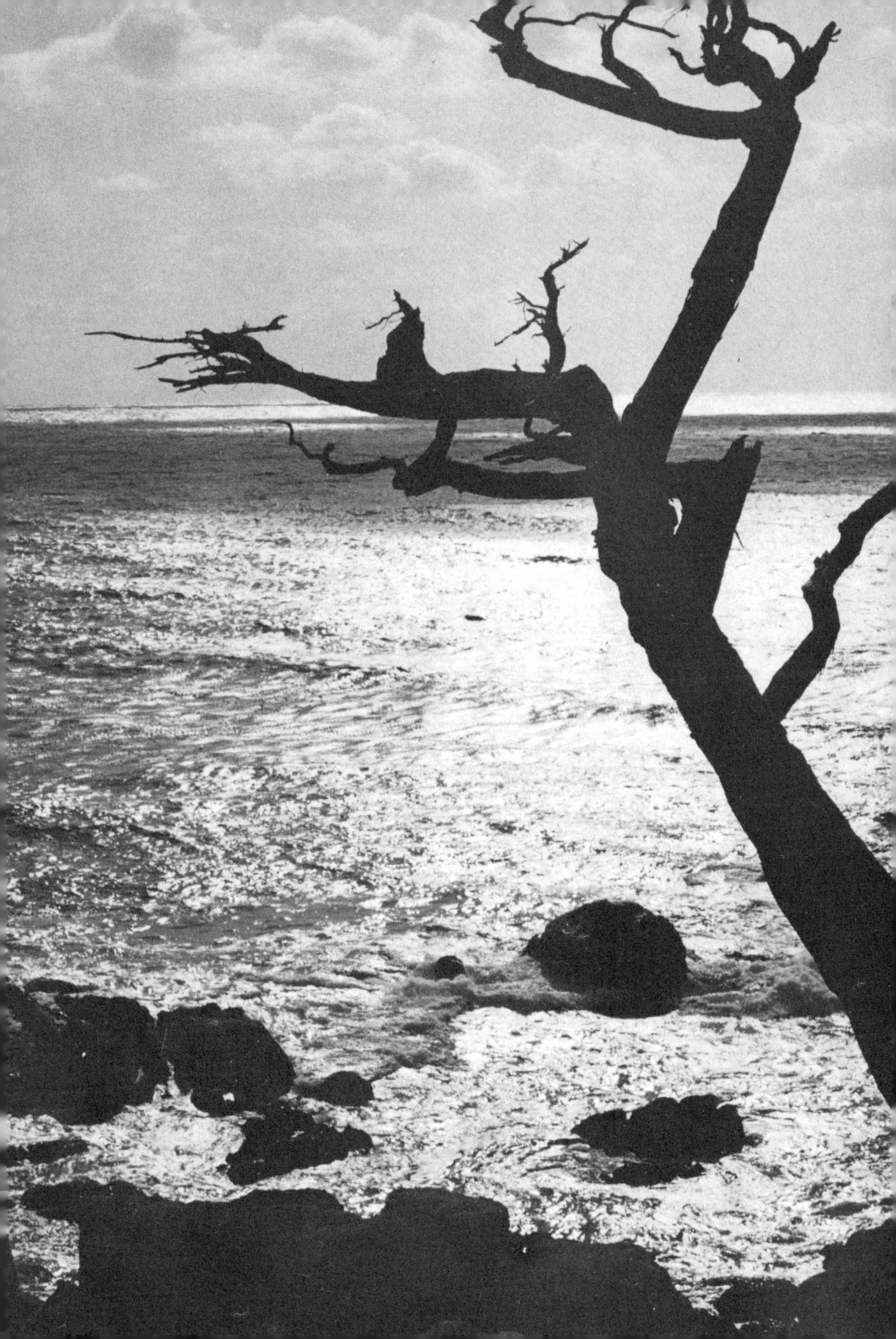

Oración

Señor, hazme instrumento de tu paz.

Que donde haya odio, ponga yo amor;
donde haya ofensa, perdón;
donde haya discordia, unión;
donde haya error, verdad;
donde haya duda, fe;
donde haya desesperación, esperanza;
donde haya tinieblas, luz;
y donde haya tristeza, alegría.

Que no busque ser consolado, sino consolar;
ser comprendido, sino comprender;
ser amado, sino amar.

Porque dando es como se recibe,
al olvidarnos, nos encontramos;
al perdonar es como Tú nos perdonas
y, al morir, resucitamos a la Vida Eterna.

San Francisco de Asís

Déjame vivir en la verdad, mi Señor, para que la muerte sea verdadera para mí.

Rabindranath Tagore

Enséñame, Señor

Enséñame, Señor, a ser dulce y delicado en todos los acontecimientos de la vida; en los desagradables; en la inconsideración de otros; en la insinceridad de aquellos en quienes confiaba; en la falta de fidelidad y de lealtad de aquellos en quienes yo descansaba.

Deja que me ponga a un lado para pensar en la felicidad de los otros; que oculte mis penas y mis angustias para que sea yo el único en sufrir sus efectos.

Enséñame a aprovecharme del sufrimiento que se presente en mi camino.

Déjame que lo use de tal manera que sirva para suavizarme, no para endurecerme ni amargarme, de modo que me haga paciente, no irritable; generoso en mi perdón, no mezquino, altivo e insufrible.

Enséñame a saber que nunca alguien sea menos bueno por haber recibido mi influencia.

Que nadie sea menos puro, menos veraz, menos bondadoso, menos digno, por haber sido mi compañero de camino en nuestra jornada hacia la Vida Eterna.

En tanto voy dando saltos de un error a otro, déjame susurrar una plegaria de amor a Ti.

Octavio Colmenares Vargas

Mis deseos son necios; gritan durante tus cánticos, mi Señor. Déjame que sólo escuche.

Rabindranath Tagore

Sólo esto te pido

Un pedazo de tierra para posar mi planta y ahí una huella sabia que conduzca la mía.

Sobre mi frente un techo; bajo el techo una llama.

Un pan que nunca falte y una esposa sencilla:

> la esposa, como el pan, humilde, buena, casta;
> el pan, como la esposa, de suavidad benigna.

Un amigo y un libro.

Salud, pero no tanta como para olvidar que he de morir un día.

Un hijo que me enseñe que soy Tu semejanza.

Un rincón en el cielo donde anidar mis ansias, con una estrella, para saber que Tú me miras.

Sosiego en el espíritu, gratitud en el alma...

Eso pido, Señor, y, al final de la vida, dártelo todo a cambio de un poco de esperanza.

Armando Fuentes Aguirre

Vestido de pobreza, admiro tu única luz, y es por eso, oh Dios mío, que llevo tu corazón sobre mi corazón.

Voces de Ahaggar

¿Por qué ahora?

Cuando se ama la vida, se desea seguir existiendo.

Pero a veces nos rebelamos contra la muerte.

Y lamentamos que, precisamente cuando ya se ha aprendido a vivir, se tenga que aprender a morir, si se nos concede tiempo para ello.

Y nos decimos:

> ¿Por qué, Señor, ahora que ya tengo experiencia, quieres llevarme contigo?
>
> ¿Por qué ahora que he comprendido mejor tus mandamientos y me esfuerzo en cumplirlos día a día?
>
> ¿Por qué ahora que amo más a mis semejantes?

Y sin que el Señor tenga que usar su voz de trueno, se encuentra la respuesta a esas preguntas en la propia conciencia, cuando ésta, con su voz silenciosa, nos dice:

> ¿Y qué quieres tú, pretencioso, que me lleve acaso a alguno de tus hijos o a alguno de tus nietos?

Y se vuelve así a la cordura, y decimos entonces:

¡Señor, hágase en mí tu voluntad!

Alfredo Patrón Arjona

En cierto modo, Dios se halla en la punta de mi pluma, de mi pincel, de mi aguja, de mi corazón y de mi pensamiento.

Pierre Theilhard de Chardin

La capacidad de creer

La capacidad de creer es la facultad humana más significativa y fundamental; y lo más importante de un hombre es lo que cree profundamente sobre su ser.

Este aspecto lo hace lo que es; el que lo organiza y alimenta, el que lo mantiene caminando frente a las circunstancias adversas, el que le da resistencia y dirección.

Y si permite que la neutralidad, la confusión, la indiferencia o el escepticismo entren, la fuente de la vida cesará de fluir.

Hugh Stevenson Tigner

Tú me llamas Maestro   y no me interrogas.

Tú me llamas tu Luz y no me ves.

Tú me llamas la Verdad y no crees en mí.

Tú me llamas el Camino y no me sigues.

Tú me llamas la Vida y no me deseas.

Inscripción en la Catedral de Lübeck

La iglesia de mis sueños

Ésta es la iglesia de mis sueños:

La iglesia del corazón ardiente,
de la mente abierta,
del espíritu aventurero.

La iglesia que se preocupa,
que cura vidas lastimadas,
que consuela a los ancianos,
que reta a la juventud.

Que no conoce divisiones de cultura o clase,
ni fronteras geográficas o sociales.

La iglesia que cuestiona y afirma,
que mira hacia adelante y hacia atrás.

La iglesia del Maestro,
la iglesia del pueblo,
alta como las ideas del Señor,
baja como el humano más humilde.

Una iglesia que trabaja,
una iglesia que adora,
una iglesia atractiva,
una iglesia que interprete la verdad
en términos de la verdad;
que inspire valor para esta vida y
esperanza para la vida que viene.

¡Una iglesia verdadera!
¡Una iglesia de todos los hombres buenos!
¡Una iglesia del Dios viviente!

John Milton Moore

¿Me buscas?

Estoy en el asiento de al lado; mi hombro está contra el tuyo.

No me encontrarás en estupas ni en templos hindúes, ni en sinagogas ni en catedrales, ni en misas ni en *kirtans*, ni al hacer yoga ni al comer solamente verduras.

Cuando realmente me busques, me verás instantáneamente; me encontrarás en la casita más pequeña del tiempo.

Kabîr dice: Estudiante, dime, ¿qué es Dios?

¡Dios es la respiración dentro de la respiración!

Kabîr

Todo se puede perder: la riqueza, el prestigio. Pero, en cuanto vives, la felicidad regresará siempre a tu corazón. Si levantaras sin miedo los ojos al cielo, estarías seguro de tu pureza y serías feliz, acontezca lo que acontezca.

Anna Frank

Creer

Creer no es nada fácil, y la fe no es sólo algo que se tiene o no se tiene.

Tampoco es un don gratuito de Dios, sino algo que se conquista todos los días, en lucha contra la duda, el desengaño y la vacilación.

La fe es un acto, una responsabilidad, una valentía moral.

Si, en el momento supremo de la muerte, se me demostrara de una manera incontrovertible que Dios no existe y que no hay vida eterna, no me arrepentiría de haberlo creído toda mi vida y de haber actuado en función de aquella creencia.

Un universo sin Dios y sin eternidad es una idiotez y, por lo tanto, si así fuera, tanto peor para Él.

Si Dios no existiera, no sería yo quien me habría engañado en creer en Él, sino Él en no existir.

Si no hubiera nada, ni Dios ni eternidad, me habría equivocado en muchas cosas, pero nunca me arrepentiría de haber creído en el amor.

Miguel Ángel Asturias

Alegría, chispa divina....
abrazaos, millones de hermanos,
en este beso de toda la humanidad.
Más allá de la bóveda celeste
debe vivir un Padre amado.

Friedrich Schiller

¡Dios es vida!

Dios es vida...

La vida es conocimiento,
la vida es comprensión.

No hay comprensión sin perdón;
sólo así se alcanza el amor.

El amor es paz,
en la familia, con los amigos.

En Él encontramos la risa y el llanto;
al final, todo es alegría.

De la alegría surge el optimismo.

Con optimismo se logra el triunfo.

El triunfo es vida...

¡La vida es Dios!

Enrique Araujo Núñez

Si las ondas de la radio pueden lanzar una melodía sobre las montañas y el mar; si las notas del violín, blancas como pétalos, las lleva el viento sobre el desierto o sobre el ruido de la ciudad; si las canciones, como rosas carmesí, pueden captarse del aire azul, ¿por qué nos preguntamos los mortales si Dios escucha nuestras oraciones?

Marvin Drake

Enséñanos a estar contentos

Enséñanos a estar contentos con lo que tenemos.

Deshagámonos de todos los valores falsos y establezcamos los altos ideales:

una casa tranquila;

una vid de nuestra propia cosecha;

pocos libros llenos de inspiración de los genios;

pocos amigos que merezcan ser queridos y capaces de querer;

un ciento de placeres inocentes que no acarreen dolor ni remordimiento;

una devoción al derecho que nunca se desvía;

una religión sencilla, vacía de todo fanatismo y llena de confianza, esperanza y amor.

David Swing

Aquel que me percibe en todas partes y mira todo en Mí, nunca me pierde de vista ni Yo lo pierdo de vista.

Krishna

Resolución

Si hacemos cada mañana la siguiente resolución para el día, nuestra vida irá por mejores caminos.

Pensaré en Dios.

No temeré a nadie.

Haré lo más que pueda.

Daré algo a alguien.

Estaré en paz con los demás.

Anónimo

Confía en Dios. Confía en que, quien te creó, te mantendrá.

Paramahansa Yogananda

Nadie puede escribir su vida religiosa real con lápiz o bolígrafo. Se escribe sólo con acciones y su sello es nuestro carácter personal. Ya sea que yo, nuestro vecino o Dios sea el juez, absolutamente el único valor de nuestra vida religiosa, para mí o para alguien más, es lo que nos queda y lo que nos permite ser.

Wilfred T. Grenfell

La juventud y la vejez

El atardecer de la vida debe también tener un significado por sí mismo y no puede ser meramente un apéndice lastimoso de la mañana de la vida.

Carl Gustav Jung

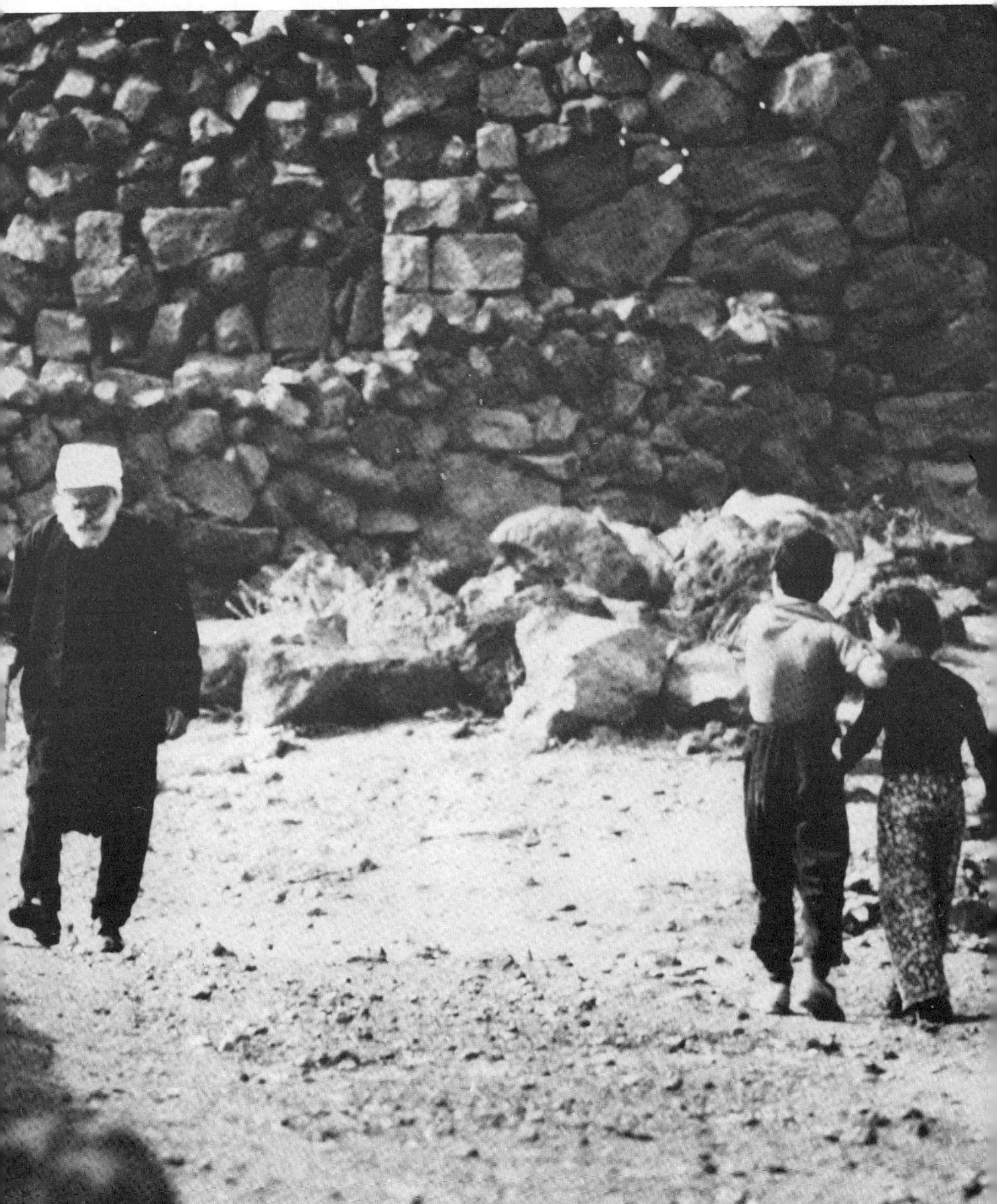

Juventud

La juventud no es una época de la vida; es un estado mental.

No consiste en tener mejillas sonrosadas, labios rojos y piernas ágiles.

Es cuestión de voluntad; implica una cualidad de la imaginación; un vigor de las emociones; es la frescura de las profundas fuentes de la vida.

Juventud es el predominio temperamental del arrojo sobre la pusilanimidad de los apetitos; del ímpetu aventurero sobre el apego a la comodidad. Esta actitud a menudo se encuentra más en un hombre de sesenta años que en un muchacho de veinte.

Nadie envejece meramente por el número de años que ha cumplido. Envejecemos cuando desertamos de nuestros ideales.

Los años pueden arrugar la piel; pero cuando se renuncia al entusiasmo, le salen arrugas al alma. Las preocupaciones, el temor, la falta de confianza en sí mismo, encogen el corazón y aniquilan el espíritu.

Lo mismo a los sesenta años que a los dieciséis, en todo corazón humano palpitan el ansia por lo maravilloso, el constante apetito —como de niño— por lo que ha de venir, y la alegría inherente al juego de la vida.

En el centro del corazón —del tuyo y el mío— existe una estación de radio. Mientras reciba mensajes de belleza, esperanza, alegría, valor y fuerza, tanto de los hombres como del infinito, seguirás siendo joven.

Cuando se abatan tus antenas, cuando las nieves del cinismo y el hielo del pesimismo cubran tu espíritu, entonces habrás envejecido, aunque sólo tengas veinte años.

Pero mientras tus antenas sigan en alto, dispuestas a captar las ondas del optimismo, hay esperanza de que mueras joven, aun cuando seas un octogenario.

Samuel Ullman

A los cuarenta

A los cuarenta, cuando un hombre revisa su pasado, seguramente debe preguntarse qué es lo que esos años vividos le han enseñado.

Si he aprendido algo en la red sutil del tiempo, es la virtud de la tolerancia, de la moderación en el pensamiento y en la acción, y de la aceptación del prójimo.

También he reconocido la gran ilusión que hay en seguir una meta meramente material.

¡Qué satisfacción tan ligera hay en el honor temporal y en la grandiosidad mundana!

Todas las posesiones materiales por las que he luchado tan arduamente significan menos que una mirada de amor de aquellos a quienes amo.

Sobre todo, estoy convencido de la necesidad irrevocable e inescapable de Dios para cada corazón humano.

No importa de qué forma intentemos escapar perdernos a nosotros mismos en una búsqueda incesante, no podemos separarnos de nuestra fuente divina.

No hay sustituto de Dios.

A. J. Cronin

Los invoco a guardar el corazón siempre alerta contra vientos y mareas, conservar el entusiasmo de la juventud, continuar el conocimiento que deslumbra, guardar la alegría de los veinte años y, entonces, poco importa tener veinte u ochenta.

Maurice Chevalier

Lo que sabemos

La vida es demasiado compleja para describirse en términos simples; sin embargo sabemos mucho acerca de ella.

Primero, la vida viene de la vida. Cuando regresamos al principio, nos enfrentamos con Dios, quien es vida. En Él estuvo la vida, y la vida fue la luz del hombre.

Segundo, sabemos que Dios está ansioso de impartirnos su vida, ya que Dios es amor, y el amor busca enriquecer y compartir con otros.

Tercero, la vida es creativa. Los animales dejan este mundo como lo encontraron, el hombre realiza grandes cambios, porque mucho de Dios está en Él. Juntos con Dios, es nuestro privilegio hacer un nuevo mundo.

Cuarto, la vida crece. Todas las actividades del hombre se desarrollan haciendo la vida más completa y con más significado. Cuando recibimos a Dios, venimos a ser co-creadores. Quizás el cielo es nuestra oportunidad de seguir por siempre creciendo más y más, como Dios.

Quinto, al nacer somos candidatos para toda la vida. Poseemos dentro de nosotros las posibilidades, y tenemos a Dios dispuesto a trabajar con nosotros.

Al cooperar con Él que es vida, tenemos vida y podemos vivirla, gozarla y engendrar vida.

J. J. Rives

Puedes creer en Cristo, Buda, Alá, Jehová o Shiva;
¡lo importante es creer!

Roger Patrón Luján

¡Cómo vivir cien años felizmente!

Manténte útil en el trabajo.

Ten un pasatiempo.

Aprende a estar satisfecho.

Disfruta de la gente.

Enfrenta la adversidad valientemente.

Arrostra los pequeños problemas de la vida con decisión.

No te mantengas mirando hacia la enfermedad.

Sobre todo, ten un buen sentido del humor, que se logra diciendo algo agradable cada vez que tengas una oportunidad.

Vive y haz agradable y alegre el momento presente.

Mantén tu mente, tanto fuera del pasado, como del futuro.

John A. Schindler

La tragedia de la vejez no es que uno sea viejo, sino que uno ya no es joven.

Oscar Wilde

La persona madura

El adulto con la capacidad de verdadera madurez es quien ha crecido sin haber perdido las mejores habilidades de la niñez.

Ha retenido las fuerzas básicas emocionales de la infancia; la necia autonomía del bebé; la capacidad de maravillarse, gozar y juguetear de los años preescolares; la disposición de dar afecto y la curiosidad intelectual de los años escolares; el idealismo y la pasión de la adolescencia.

Ha incorporado todo esto a un nuevo patrón de desarrollo dominado por la estabilidad, la sabiduría, el conocimiento, la sensibilidad hacia otra gente, la responsabilidad, la fuerza y el propósito del adulto.

Joseph A. Stone

—¡Oh, tener setenta otra vez!—, dijo Georges Clemenceau cuando cumplía los ochenta y miró a una muchacha bonita.

Anónimo

Agradecimientos del anciano

Gracias a quienes:

Entienden lo torpe de mi caminar y la poca firmeza de mi pulso.

Comprenden que ahora mis oídos se esfuerzan por escuchar lo que ellos dicen.

Se percatan de que mis ojos están empañados y mi sentido del humor es limitado.

Disimulan cuando derramo el café sobre la mesa.

Se detienen a charlar conmigo por unos momentos.

Aceptan mis fallas de memoria y nunca me dicen, "eso ya lo dijiste".

Saben despertar recuerdos de un pasado feliz.

Me hacen saber que soy querido y respetado, y que no estoy solo.

Comprenden lo difícil que es encontrar fuerzas para vivir con dignidad, y me permiten esperar tranquilo el día de mi partida.

Anónimo

Procura que el deseo de vivir sea más fuerte que el deseo de recordar.

Anónimo

Dios... ¡enséñame a envejecer!

Convénceme de que no son injustos conmigo:

>   los que me quitan responsabilidad,
>   los que no piden mi opinión,
>   los que llaman a otro para que ocupe mi puesto.

Quítame el orgullo de mis experiencias anteriores y la idea de sentirme indispensable.

Ayúdame para que siga siendo útil a los demás, contribuyendo con mi alegría al entusiasmo de los que ahora tienen responsabilidades y aceptando mi salida de los campos de actividad, como acepto con naturalidad la puesta del sol.

Concédeme que mire con gratitud hacia el destino feliz que me tienes preparado.

Te doy gracias pues, en esta hora tranquila, caigo en cuenta de lo mucho que me has amado y ¡enséñame a envejecer!

José Laguna Menor

¿Solo así he de irme,
como las flores que perecieron?
¿Nada quedará de mi nombre,
nada de mi fama aquí en la tierra...?
... Al menos flores, al menos cantos.

Canto de Huejotzingo

El tiempo que le queda

Había una multitud en la sala de espera del médico. Un caballero ya anciano tocó y se enfrentó a la recepcionista.

—Señorita —dijo amablemente— mi cita era para las diez de la mañana y ya casi son las once. No puedo esperar más. ¿Podría, por favor, darme una cita para otro día?

Una mujer de la multitud se reclinó hacia otra y le dijo:

—Ha de tener por lo menos ochenta y cinco años. ¿Qué clase de negocios urgentes puede tener que no puede esperar?

El anciano alcanzó a escuchar la murmuración. Miró a la mujer, se inclinó y dijo:

—Tengo ochenta y siete años, señora, *y ésa es precisamente la razón por la que no puedo desperdiciar un solo minuto del valioso tiempo que me queda.*

Anónimo

Prefiero la vejez a la alternativa.

Maurice Chevalier

¡Un genio...! ¡Por treinta y siete años he practicado catorce horas al día y ahora me llaman un genio!

Pablo Sarasate

La vida comienza a los setenta

Para los que no creen que la vida comienza a los setenta, escuchen esto:

Entre la edad de 70 y 83, el comodoro Vanderbilt agregó cerca de *cien millones de dólares* a su fortuna.

Emmanuel Kant escribió a los 70 *Antropología y metafísica de las éticas* y *conflicto de las facultades*.

Alfred Tennyson escribió *Becket* a los 73.

El Tintoretto, a los 74, pintó la inmensa obra *El Paraíso*.

Giuseppe Verdi, a los 74 años, produjo su obra maestra, *Otello*; a los 80, *Falstaff* y, a los 85, el famoso *Ave María*, el *Stabat Mater* y su *Te Deum*.

Jean Baptiste Lamarck, a los 78, completó su gran trabajo zoológico, *La historia natural de los invertebrados*.

Oliver Wendell Holmes escribió *Over the Teacups* a los 79.

Catón empezó el *estudio del idioma griego* a los 80.

Goethe, a los 80, terminó *Fausto*.

A los 98, Tiziano pintó su histórica *Batalla de Lepanto*.

Anónimo

Si me voy antes que tú...

Si me voy antes que tú, no llores por mi ausencia; alégrate por todo lo que hemos amado juntos.

No me busques entre los muertos, en donde nunca estuvimos; encuéntrame en todas aquellas cosas que no habrían existido si tú y yo no nos hubiésemos conocido.

Yo estaré a tu lado, sin duda alguna, en todo lo que hayamos creado juntos: en nuestros hijos, por supuesto, pero también en el sudor compartido tanto en el trabajo como en el placer, y en las lágrimas que intercambiamos.

Y en todos aquellos que pasaron a nuestro lado y que, irremediablemente, recibieron algo de nosotros, y llevan incorporado —sin ellos ni nosotros notarlo— algo de ti y algo de mí.

También nuestros fracasos, nuestra indolencia y nuestros pecados serán testigos permanentes de que estuvimos vivos y no fuimos ángeles, sino humanos.

No te ates a los recuerdos ni a los objetos, porque dondequiera que mires que hayamos estado, con quienquiera que hables que nos conociese, allá habrá algo mío. Aquello sería distinto, pero indudablemente distinto, si no hubiésemos aceptado vivir juntos nuestro amor durante tantos años; el mundo estará ya siempre salpicado de nosotros.

No llores mi ausencia, porque sólo te faltará mi palabra nueva y mi calor de ese momento. Llora, si quieres, porque el cuerpo se llena de lágrimas ante todo aquello que es más grande que él, que no es capaz de comprender, pero que entiende como algo grandioso, porque cuando la lengua no es capaz de expresar una emoción, ya sólo pueden hablar los ojos.

Y vive. Vive creando cada día y más que antes. Porque yo no sé cómo, pero estoy seguro de que, desde mi otra presencia, yo también estaré creando junto a ti, y será precisamente en ese acto de traer algo que no estaba, donde nos habremos encontrado. Sin entenderlo muy bien, pero así, como los granos de trigo que no entienden que su compañero muerto en el campo ha dado vida a muchos nuevos compañeros.

Así, con esa esperanza, deberás continuar dejando tu huella, para que, cuando tu muerte nos vuelva a dar la misma voz, cuando nuestro próximo abrazo nos incorpore ya sin ruptura a la Única Creación, muchos puedan decir de nosotros: si no nos hubiesen amado, el mundo estaría más triste.

Anónimo

Quizá uno de los más temibles pensamientos, el más temible acaso antes de morir, sea éste: ¡he vivido en vano!

Amado Nervo

Una carta

Pocos días después de morir, Víctor "escribe" a sus papás y hermanos:

Queridos hermanos, mamá y papá:

Les escribo desde mi nueva vida y, aunque hace tan poco que nos hemos separado, siento que aún sigo siendo alguien de casa.

En un de repente tan insospechado, Dios me llamó a su luz y presencia. Es verdad que nuestra pequeña familia marchaba muy bien... teníamos tantos proyectos e ilusiones por compartir. Recién descubría yo el amanecer del amor... pero Dios me llamó.

Ahora mi familia es muy numerosa. Desde luego, son ustedes mismos, pero en Dios. Estoy vivo en un "hoy" sin límites, en donde el Señor me colma de amor y paz; ese amor y esa paz que con esta carta busco transmitir a ustedes.

Soy inmensamente feliz. Respiro y vivo de Dios. Con sus ojos los miro a ustedes, los acaricio y abrazo con sus manos y los amo con su corazón. Y, aunque no me ven físicamente, estoy ahí, en cada amanecer, en cada flor, en cada uno de ustedes.

Ustedes me enseñaron a ser y a vivir en la felicidad y en el servir a los demás.

¡Estoy vivo!

La nueva vida que Dios me ha regalado no es otra cosa más que la comunión eterna con el Universo y con Él.

¡Créanlo!

Dios me necesitaba aquí. Necesitaba de mi espíritu, y yo siempre le pertenecí.

Ábranse a Su calor y, con una esperanza despierta, mantengan brillante la luz de la fe que ustedes mismos acuñaron en mí. Y, aunque hace tan poco que nos hemos separado, si mantienen alerta la fe, yo estaré siempre con ustedes.

Su hijo que les adora,

Víctor

P. Jorge Díaz

Al final de la vida, la pregunta no será cuánto has obtenido sino cuánto has dado; no cuánto has ganado sino cuánto has hecho; no cuánto has ahorrado sino cuánto has sacrificado; tampoco cuánto has amado y servido sino cuánto fuiste honrado.

Nathan C. Schaeffer

Mi testamento

Me imagino que voy a morir. Solicito tiempo para estar a solas y redactar para mis amigos una especie de testamento en el que los siguientes puntos podrían constituir otros tantos capítulos:

Tales cosas he amado en la vida, saboreado, contemplado, olido, escuchado, tocado...

Tales experiencias he apreciado...

Tales conceptos me han ayudado a liberarme...

Tales creencias he dejado atrás...

Tales son las cosas para las que he vivido...

De tales convicciones he vivido...

Tales riesgos he corrido y buscado...

Tales sufrimientos me han molestado...

Tales lecciones me ha enseñado la vida...

Tales influencias han configurado mi vida (personas, ocupaciones, libros, acontecimientos)...

Tales textos han iluminado mi camino...

Tales cosas lamento de mi vida...

Tales logros he alcanzado...

Tales personas llevo en el corazón...

Tales deseos no he satisfecho...

Tales ideas he adquirido en la escuela de la vida: acerca de Dios, del mundo, de la naturaleza humana, del amor, de la religión, de la oración...

Escojo un final para este documento: puede ser un poema mío o de alguien más, o una oración o un dibujo o una fotografía o un texto, o cualquier cosa que pueda ser la conclusión de mi testamento.

Anthony de Mello

Cuando el alba anuncia con un rayo de luz Su presencia, el dolor, la amargura y la tristeza huyen de nuestro lado.

Santos Vergara Badillo

Los espero en el cielo

Cuando tenga que dejarlos por un corto tiempo, por favor, no se entristezcan ni derramen muchas lágrimas, ni abracen su pena por mí mucho tiempo.

Al contrario, empiecen con valentía y con una sonrisa. Y, en mi memoria y en mi nombre, vivan su vida y hagan las cosas igual que antes.

No aumenten su soledad con días vacíos; llenen cada hora que estén despiertos con actos útiles.

Den su mano para ayudar, consolar y animar; y yo, en cambio, los ayudaré a ustedes.

Y nunca, nunca, tengan miedo de morir, pues los estoy esperando en el cielo.

Anónimo

Dame un joven en el que haya algo del viejo y un viejo, en el que haya algo del joven. Guiado de esta manera, el cuerpo de un hombre puede envejecer, pero nunca su mente.

Marco Tulio Cicerón

¡Piensa en mí!

Si tú me amas, no llores más por mí...

Si conocieras el misterio insondable del cielo donde me encuentro...

Si pudieras ver y sentir lo que yo siento y veo en estos horizontes sin fin, y en esta Luz que todo alcanza y penetra, tú jamás llorarías por mí.

Estoy ahora absorto por el encanto de Dios y por sus expresiones de infinita belleza.

En confrontación con esta nueva vida, las cosas del pasado son pequeñas e insignificantes.

Conservo aún todo mi afecto por ti y una ternura que jamás pude en verdad revelarte.

Nos quisimos entrañablemente en vida, pero todo era entonces muy fugaz y limitado.

Vivo en la serena expectativa de tu llegada un día... entre nosotros.

Piensa en mí en tu lucha diaria; piensa en esta maravillosa morada donde no existe la muerte y donde estoy junto a la Fuente Inagotable de la Alegría y del Amor.

Si verdaderamente me amas, no llores más por mí...

¡ESTOY EN PAZ!

Anónimo

No es que hayan muerto, se fueron antes

Lloras a tus muertos con un desconsuelo tal, que no parece sino que tú eres eterno.

Not dead, but gone before, dice bellamente el proloquio inglés. No es que hayan muerto, se fueron antes.

Tu impaciencia se agita como loba hambrienta, ansiosa de devorar enigmas.

¿Pues no has de morir tú un poco después y no has de saber por fuerza la clave de todos los problemas, que acaso es de una diáfana y deslumbradora sencillez?

Se fueron antes... ¿a qué pretender interrogarlos con insistencia nerviosa?

Déjalos siquiera que sacudan el polvo del camión. Déjalos siquiera que restañen en el regazo del Padre las heridas de los pies andariegos. Déjalos siquiera que apacienten sus ojos en los verdes prados de la paz.

El tren aguarda, ¿por qué no preparas tu equipaje?

Ésta sería más práctica y eficaz tarea. El ver a tus muertos es de tal manera cercano e inevitable, que no debes alterar con la menor festinación las pocas horas de tu reposo.

Ellos, con un concepto cabal del tiempo, cuyas barreras traspusieron de un sólo ímpetu, también te aguardarán tranquilos.

Tomaron únicamente uno de los trenes anteriores...

Amado Nervo

Una silla vacía

Hoy vemos la silla de nuestros seres queridos vacía, pero sentimos cómo las vibraciones del amor, de las enseñanzas, de los valores que fueron suyos, siguen con nosotros.

La silla, en realidad, continúa llena de recuerdos porque:

>Cuando estamos exhaustos y necesitamos fuerzas, los recordamos.

>Cuando nos sentimos tristes y perdidos, los recordamos.

>Cuando sentimos alegría, los recordamos.

>Cuando tenemos decisiones difíciles de tomar, los recordamos.

>Cuando transformamos sueños que eran suyos, los recordamos.

Al vivir nosotros, ellos también vivirán porque son parte de nosotros.

Anónimo

Cuando naces, lloras, y el mundo ríe.

Vive de tal manera que

cuando mueras, rías, y el mundo te llore.

Anónimo

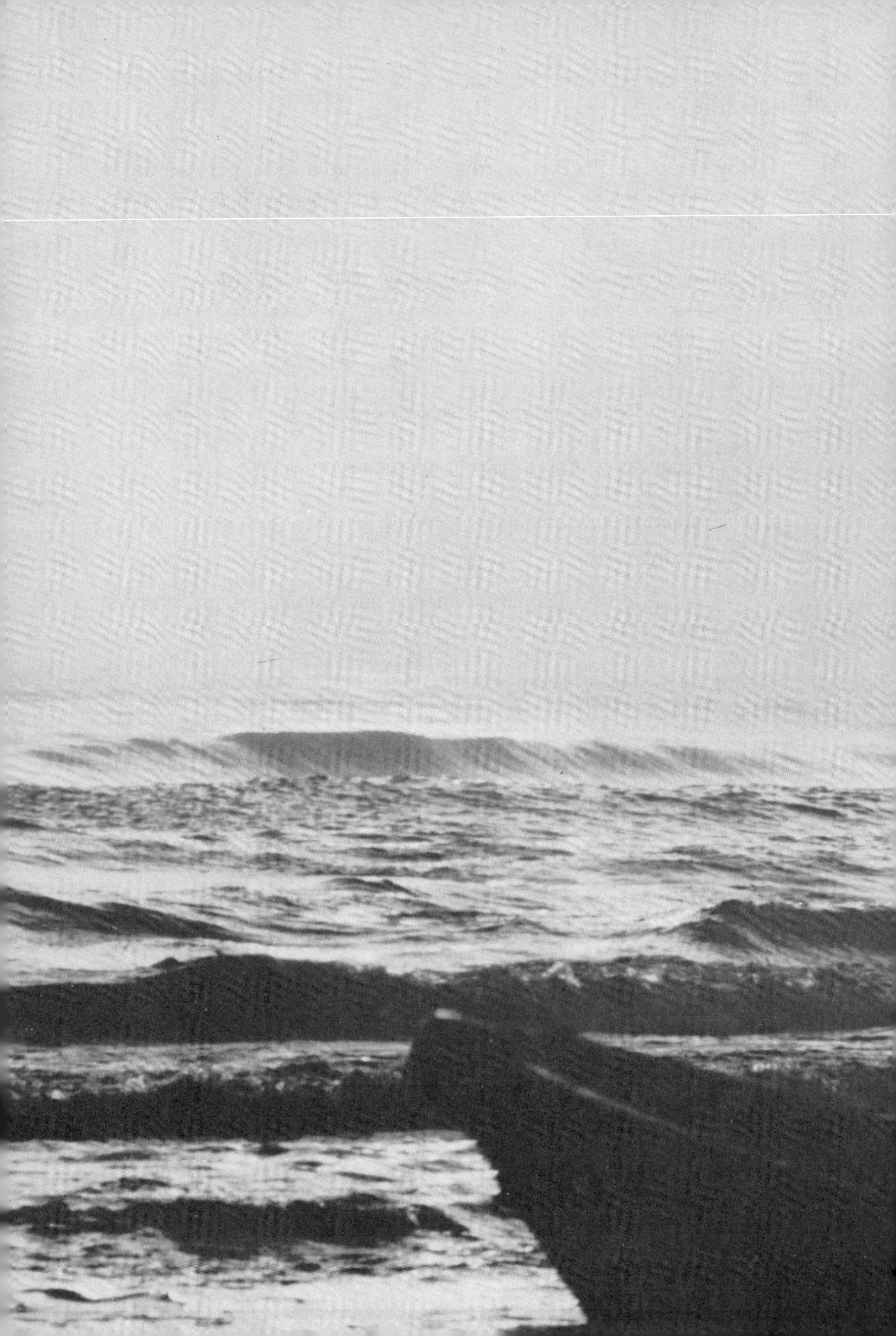

Índice por Autores

A

Adler, Mortimer J. 182
Alfieri, Vittorio 126
Alfonso X 72
Alighieri, Dante 25
Alvarez, James M. 62
Álvarez, María Consuelo 106
Aquino, Santo Tomás de 175
Araujo Núñez, Enrique 199
Argenson, Marqués de 14
Aristóteles 66
Arroyo de Torres, Eugenia 56
Asís, San Francisco de 191
Asturias, Miguel Ángel 198
Ávila, Santa Teresa de 125

B

Ballesteros, Luis C. 147
Bayazid, Sufi 83
Beecher, Henry W. 46
Bernard Shaw, George 123
Borges, Jorge Luis 76
Börne, Ludwig 41
Buck, Pearl S. 174
Buda 188
Butler, Samuel 26

C

Caballero Molina, Vivian 60, 88
Caballero Sandoval, Germán 179
Calcuta, Madre Teresa de 131, 155
Camino Decores, Oscar 85
Campoamor, Ramón de 23
Cánovas del Castillo, Antonio 20
Canto de Huejotzingo 211
Carta Magna 27
Castillo Ortiz, Octavio 113
Cervantes Saavedra, Miguel de 138
Chaplin, Charles 65

Cherrington, Ernest H. 26
Chevalier, Maurice 206, 212
Churchill, Winston 61
Cicerón, Marco Tulio 20, 43, 74, 128, 220
Claudel, Paul 41
Claudius, Matías 112
Colmenares Vargas, Octavio 192
Comte, Auguste 44
Confucio 74
Contreras, Francisco 18
Cox, Coleman 137
Crane, Frank 142
Cronin, A. J. 206
Cuauhtémoc Sánchez, Carlos 100, 101, 108

D

Da Vinci, Leonardo 73
Derechos de América Británica 25
Díaz, P. Jorge 217
Didon, Henri 72
Dostoyevsky, Fyodor 33
Drake, Marvin 199
Dryden, John 25
Durant, William James 133

E

Edson, Newell W. 38
Eduardo VIII, duque de Windsor 149
Einstein, Albert 63, 116
Emerson, Ralph W. 73, 77
Escoteros de Francia 64

F

Felipe, León 84
Fiske, George W. 131
Flaubert, Gustave 39
Fohri, Irene 53, 163
Frank, Anna 197
Fromm, Erich 32
Fuentes Aguirre, Armando 193

G

Gandhi, Mahatma 126
García G., Luis Alberto 105
García Morente, Manuel 38, 39, 45, 127
Gioberti, Vincenzo 17
Goethe, Johann Wolfgang 128, 134
Gómez Díaz, Roberto 92
González Ulloa, Mario 160
Graff, Arturo 75
Grenfell, Wilfred T. 201
Guéronnière, Conde de la 24
Guest, Edgar A. 104
Guisa, Duque de 41
Guisa y Acevedo, Jesús 168
Gustav Jung, Carl 202

H

Hegel, Georg Friedrich 181
Hitz, Herman 127
Hubbard, Helbert 149
Hugo, Víctor 46, 64, 139, 187

I

Ingenieros, José 87, 177
Inscripción en la Catedral de Lübeck 195
Inscripción en las cataratas de Iguazú 177

J

Jalil Gibrán, Gibrán 39, 40, 63
Jefferson, Thomas 20
Jenócrates 127
Johnson, Samuel 69, 78
Juan Pablo II 142

K

Kabîr 197
Kazantzakis, Nikos 94
Keller, Helen 43
Kempis, Thomas A. 43
Key, Ellen 38
King Jr., Martin Luther 83, 132
Körner, Theodor 74
Krishna 200

L

La Rochefoucauld 45
Lacordaire, Jean Baptiste 122
Laguna Menor, José 211
Lao-Tsé 17, 128, 141
Larned, W. Livingston 103
Le Bon, Gustave 22
Lepp, Ignace 75
Leyenda en un arco en León, Guanajuato 130
Lincoln, Abraham 171
Lippmann, Walter 32
Lope de Vega, Félix 19
Lorca, José María 119, 124, 154
Loth Liebman, Joshua 72

M

Manu-Smrti 121
Martí, José 174, 177
Maslow, Abraham 80
Maus, Pedro 138
Mello, Anthony de 19, 23, 27, 32, 44, 45, 69, 70, 97, 123, 154, 159, 162, 219
Mello, Thiago de 13
Menéndez, Miguel Ángel 90
Merton, Thomas 64
Milanés García, Salvador 173
Milton Moore, John 196
Mistral, Gabriela 51
Molachino, Justo 74
Montaigne 37
Montesquieu, Charles L. de 57
Moore, George 171
Moreno "Cantinflas", Mario 48
Morgan, Joy E. 120

N

Nervo, Amado 19, 31, 45, 46, 215, 222
Nezahualcoyotl 54
Nuevo Testamento 27
Núñez de Arce, Gaspar 24

O

Ortiz de la C., Miranda 89
Oxenham, John 133

P

Pal, Hasari 159
Pascal, Blaise 33
Patrón Arjona, Alfredo 57, 194
Patrón Luján, Roger 10, 101, 113, 133, 137, 145, 207
Patrón Martínez, Adolfo 153
Pitágoras 59
Platón 19, 33
Plutarco 20, 77

R

Renard, Jules 73
Retsloff, Dorothy C. 77
Rilke, Rainer María 44
Rives, J. J. 207
Roosevelt, Franklin D. 18
Runbeck, Margaret L. 97
Ruskin, John 146

S

Sabiduría china 79, 121
Sabiduría hindú 44, 56
Sabiduría popular árabe 124
Sabiduría popular mixteca 174
Sabines, Jaime 39
Saint-Exupéry, Antoine de 39, 119
Salustio 71
San Pablo 31
Sarasate, Pablo 212
Savonarola, Girolamo 76
Schaeffer, Nathan C. 217
Schiller, Friedrich 198
Schindler, John A. 208
Schurman, Paul F. 58
Séneca 75, 79, 132, 150
Shaw, George Bernard 18
Sizoo, Joseph R. 129
Solón 76

Staël, Anne Louise de 41
Stern, Richard M. 142
Stevenson Tigner, Hugh 195
Stone, Joseph A. 209
Stuart, John M. 23
Swing, David 200

T

Tabori, Paul 175
Tagore, Rabindranath 10, 23, 28, 86, 89, 99, 129, 141, 165, 191, 192
Tanasescu Morelli, Stefano 55, 73, 125
Tao-Te Ching 138, 145
Taylor, Herbert J. 180
Teofrasto 78
Thackeray, William M. 55
Theilhard de Chardin, Pierre 194
Thoreau, Henry David 78, 122
Trueba, Antonio de 24
Tucídides 25

U

Ullman, Samuel 205
Ulpiano 18

V

Vargas Gómez, Joaquín 11
Vergara Badillo, Santos 84, 92, 98, 109, 141, 219
Villena, Luis A. de 23
Voces de Ahaggar 87, 91, 103, 193
Voltaire 76

W

Watzlawick, Paul 124
Whitby, Roy 155
Wilde, Oscar 208

Y

Yogananda, Paramahansa 201
Yutang, Lin 54

Z

Zachry, H. B. 93

UN NUEVO REGALO EXCEPCIONAL (Pasta suave) en su cuarta edición, quedó totalmente impreso y encuadernado el 21 de abril de 1998. La labor se realizó en los talleres del Centro Cultural EDAMEX, Heriberto Frías 1104, Col. del Valle, México, D. F., 03100.

Calidad Total

Apreciable lector: este libro ha sido elaborado conforme a las más estrictas normas de calidad. Sin embargo, pudiera ser que algún ejemplar resultara defectuoso. Si eso ocurriera le rogamos comunicarse con nosotros para reponérselo inmediatamente.

EDAMEX es una empresa mexicana comprometida con el público lector de habla castellana, que tiene derecho a exigir de las industrias editoras una calidad total.

LOS LIBROS HACEN LIBRES A LOS HOMBRES

El autor de este libro puede dar una o varias conferencias sobre el tema. Los interesados deben dirigirse a su representante:

PROA

PROMOCIÓN DE AUTORES

Tel. 559-8588 Fax 575-0555